그들도 사람이었다

KB192051

그들도 사람이었다

발행일	2020년 4월 29일

지은이	김다윗		
펴낸이	손형국		
펴낸곳	(주)북랩		
편집인	선일영	**편집**	강대건, 최예은, 최승헌, 김경무, 이예지
디자인	이현수, 한수희, 김민하, 김윤주, 허지혜	**제작**	박기성, 황동현, 구성우, 장홍석
마케팅	김회란, 박진관, 장은별		
출판등록	2004. 12. 1(제2012-000051호)		
주소	서울특별시 금천구 가산디지털 1로 168, 우림라이온스밸리 B동 B113~114호, C동 B101호		
홈페이지	www.book.co.kr		
전화번호	(02)2026-5777	**팩스**	(02)2026-5747

ISBN	979-11-6539-199-7 03230 (종이책)	979-11-6539-200-0 05230 (전자책)

이 도서의 국립중앙도서관 출판예정도서목록(CIP)은 서지정보유통지원시스템 홈페이지(http://seoji.nl.go.kr)와
국가자료공동목록시스템(http://www.nl.go.kr/kolisnet)에서 이용하실 수 있습니다.
(CIP제어번호: CIP2020017056)

김다윗
지음

요셉, 모세, 다윗
성경 속 세 거장에게 배우는
리더십

그들도
사람이었다

꿈을 꾼 요셉, 광야의 모세, 골리앗을 이긴 다윗
그들도 울고, 웃고, 외로워하는 '**사람**'이었다!
올바른 결혼, 용서하기, 유혹을 물리치는 법 등
김다윗 목사가 성경을 통해 들려주는
삶·의·처·세·술

거장을 꿈꾸는 자가 만나야 할 세 사람

요셉과 모세 그리고 다윗의 이야기

나의 하나님께 영광을 드린다.

그리고 나는 우리 가정의 첫 번째 순교자인 아들 다윗에게

이 책을 바친다.

그는 1998년 5월 6일 수요일 오전, 아빠가 설교하던 바로 그 시간에 5년

7개월의 짧은 생을 마치고

어느 산속의 기도원에서 목숨을 잃었다.

"너의 죽음을 허락하신 하나님 앞에서 이 아빠는

하루하루 순교자의 삶을 이어간다."

책의 발간에 부쳐

13년 전에 출간된 이 책은 내 생애 세 번째 책이었다. 우리말에 익숙하지 못했던 아내는 "이제 당신은 세계적인 작가"라고 했다. 당시 아내에게는 '세 개'와 '세계'의 구분이 어려웠다. 지금도 아내는 논에서 일하는 사람을 '논부'라고 해야 하는데 왜 '농부'라고 하는지 이해하기 어려워한다.

나는 사십대에 이 책을 쓰면서 많이 울었다. 요셉과 모세, 다윗왕의 삶을 들여다보며 인생의 깊은 슬픔과 고난을 지켜보았다. 그것은 그들만의 이야기가 아니었다. 내 어린 시절의 아픔이었고, 내 청년 시절의 고뇌이기도 했다. 나는 그들의 이야기를 찾아 읽으며 인생의 너비와 길이, 높이와 깊이가 어떤지 이해하기에 이르렀다. 간단치 않은 삶의 무게에 경의를 표하지 않을 수 없었다. 그리고 나는 그들이 온 평생 살았던 거룩한 발자취에 감동했고 끝내 영광스럽게 이 땅을 떠나 하늘로 오르는 것을 목격하며 곧 닥칠 내 노년의 희망을 보았다.

나의 처녀작인 『당신의 자녀도 거장이 될 수 있다』에서 못다 한 요셉과 모세의 이야기를 여기서 더 나누고 싶었다. 말하고 또 말해도 전율이 떠나지 않는 그들의 이야기는 그 누구보다도 나를 성장하게 했다. 그래서 첫 번째 책에서 쓴 이야기의 일부를 또다시 적었다.

13년 전, 이 책을 탈고하는 데 걸린 시간은 채 일주일이 안 되었다. 그것은 창작이 아닌, 그저 내 마음을 적신 이야기를 오로지 받아 적었기 때문에 가능한 일이었다.

내 인생에서 다윗을 둘 만났다. 3,000년 전에 살았던 나의 영웅 다윗이 그 첫 번째다. 그는 목자였고 시인이었고 음악가였고 위대한 왕이었다. 그리고 사랑 가득한 남편이자 아버지였고 그 아버지에게는 유약한 아들이었다. 그가 내게 미친 삶의 울림을 말로 다 할 수가 없다. 나는 그를 사랑했고, 존경했으며, 동정했다. 아무튼 그는 나의 영웅이었고 스승이었다.

두 번째로 내가 만난 다윗은 5년 7개월을 나와 함께 살다 이 땅을 떠난 나의 두 번째 아들 다윗이다. 그는 아름다웠고 사랑스러웠고 그래서 영원히 내 가슴속에 새겨진 나의 아들이다. 그는 태어나서 나를 웃고 노래하게 했고 함께하면서 기쁨을 주었다. 그리고는 죽어 나를 살렸다. 내가 이 땅에서 살아 있는 순교자의 삶을 살도록 그는 나를 이끌었다.

세 번째 다윗도 있다. 그는 바로 나 자신이다. 둘째 다윗이 이 땅을 떠나고 나는 그의 몫을 살기로 결심했다. 때로 내 삶이 팍팍하고 메마를 때나 느슨할 때, 나는 나를 다윗으로 만든 나의 아들 다윗을 그리며 다시금 나의 삶과 사명을 일깨울 수 있었다. 내가 누구인지를 느끼고 알고 싶을 때 나는 이 책의 책장을 넘긴다.

누군가의 죽음으로 어떤 이는 살고 누군가가 채찍에 맞음으로써 어떤 이는 치유받는다. 그것은 곧 우리의 영원한 구원자이신 예수 그리스도의 역사이다. 이 책은 곧 그분의 이야기다. 내가 사랑하는 분은 바로 예수 그리스도다.

차례

들어가는 글 _____

인생은 칡뿌리처럼 질기고 깊어 그 끝을 아무도 모른다. 젊은 날의 내게 나만 한 선생이라도 있었다면 그 시절을 그토록 방황하지는 않았을 것이다.

나는 요셉을 만나면서 가슴이 터질 것 같은 행복을 만끽했다. 고난이 얼마나 큰 축복인지, 얼마나 큰 하나님의 사랑인지 그를 만나며 알게 되었다. 그는 형님 같은 존재가 되어 날 이끌어 주었다.

모세는 내게 한없는 눈물을 안겨 주었다. 그의 삶을 따라 발을 뗄 때마다 내 가슴은 하염없는 눈물로 적셔졌다. 난 그에게서 인생의 위대한 의미를, 가볍지 않은 사명을 깨달았다. 그의 삶을 보며 나의 삶에도 깃들 햇빛을 확신했다.

다윗, 그는 어떠했던가. 한 마리의 어린 양을 구하기 위해 사자와 싸웠던 목동 다윗에게서 나는 사명자의 용기를 배웠다. 용기로 가득 찬 그의 아름다운 인생은 나의 가치를 찾아 주었고 중년의 나이를 달리는 나를 두 주먹 불끈 쥐게 했다. 그는 완벽하지 않았던 삶으로 고통받고 고달파했지만 그래서 그에게서 더 많은 진리를 배우게 되었다.

나는 이들의 이야기를 곧 대학생이 될 내 아들들에게 들려주고 싶다. 그리고 한국 교회 청년들의 가슴속에 고이 넣어 주고 싶다. 내 조국의 모든 젊은이의 피 끓는 열정 위에 얹어 주고 싶다.

　오늘도 나는 요셉을 꿈꾸며, 모세를 그리워하며, 다윗을 애타게 기다리며 이 땅에 서 있다. 그들이 출현해 이룰 하나님의 나라를 그리며, 위대한 거장들의 도래를 손꼽아 기다린다.

우리 주님의 날에
그분의 노예 김다윗

제 1 부

고난이 만든 불멸의 거장,
요셉

야곱이 총애한 아들, 요셉

아무리 듣고 들어도, 아무리 읽고 읽어도 질리지 않는 거장의 이야기가 성경에 기록되어 있다. 그 이야기의 주인공이 바로 우리가 첫 번째로 만나야 하는 사람, 요셉이다. 야곱의 열한 번째 아들로 태어나 어린 나이에 어머니를 여의고 어린 동생의 손을 잡고 험악한 형들의 틈바구니에서 자랐다. 형들의 투기로 인해 종이 되기도 했으며 한 여인의 그릇된 사랑의 희생자로 죄수가 되기도 했다. 하지만 그는 그런 전력에도 불구하고 당시 초강대국이었던 이집트의 총리가 된다.

그뿐만 아니라 이 세상이 창조된 이후 이 땅의 전무후무한 총체적인 흉년 가운데서 세상을 구한 세계 최고의 재상으로 기록된 사람이 바로 요셉이다.

부잣집의 연약한 아들로 태어나 열일곱 살의 나이에 형들의 배반으로 은 스무 개에 노예로 팔렸던 그가 13년의 세월이 지나 어떻게 막강한 이웃 나라의 총리가 되었을까? 또한 그는 어떠한 사람이었기에 그를 종으로 팔아넘긴 형제들을 도리어 구했을까? 그 흥미진진하고 가슴 떨리는 이야기 속으로 함께 여행을 떠나자.

·· 최악의 가정환경 속에서 태어난 야곱의 열한 번째 아들 ··

이보다 더 나쁠 수는 없다. 요셉의 아버지 야곱은 부자였지만 아내를 네 명이나 두었던, 행복하지만은 않았던 가정의 가장이었다. 그는 훗날 요셉으로 인해 가족 모두를 이끌고 이집트로 이민을 가게 되는데, 그때 그곳에서 만난 파라오가 나이를 묻자 이렇게 대답한다.

> "내 나그네 길의 세월이 일백삼십 년이니이다 내 나이가 얼마 못되니 우리 조상의 나그네 길의 연조에 미치지 못하나 험악한 세월을 보내었나이다(창세기 47:9)."

요셉의 아버지 야곱은 그의 말대로 험악한 세월을 살았던 노인이었다.

·· 야곱, 그는 누구인가 ··

지금도 믿음을 가진 유대인들은 그들의 유일신이며 자랑스러운 하나님을 예배할 때 '아브라함과 이삭과 야곱의 하나님'을 찬양한다. 그 축복의 끝 이름을 장식하는 야곱은 진정 위대한 사람임이 틀림없다. 하지만 아버지 이삭과는 달리 참으로 험악한 세월을 살았던 그는 여러 아내의 남편이자 여러 아들의 아버지로 살았던 위인이었다. 지금도 그의 이름으로 불리는 이스라엘의 국민들 사이에서 그는 위대한 조상 중의 조상으로 구별되지만, 그가 살았던 힘겹고도 무거웠던 삶은 그의 삶을 따라가며 들여다보는 이들에겐 깊은 한숨을 몰아쉬게 하는 인생이다.

그는 사랑하는 어머니의 오라비 집에서 20년 동안이나 줄다리기와 같은 시간을 보내며 두 아내와 그들의 두 몸종을 통해 열한 명의 아들과 한 명의 딸을 낳았다. 재산을 불렸고 결국은 그 옛날 형을 피해 도망 나온 것처럼 그의 외삼촌을 떠났다. 형을 속여 장자의 축복을 받은 대가로 형에 대한 부담감을 평생 겪으며 불행했던 그는 형을 만나 용서를 받지만, 그의 길을 인도하겠다는 형의 호의를 믿음으로 받아들이지 못했다.

자신이 택하여 정착한 곳에서 딸 디나는 추장에게 강간을 당했다. 그로 인해 그의 아들들의 손에서 자행된, 세겜성 모든 남자에 대한 피비린내 나는 살육을 목격하고는 그 땅을 돌아보지도 않고 떠났다. 다시 옮긴 땅 벧엘에서 에브랏으로 가던 도중, 사랑하는 아내 라헬이 베냐민을 출산하다 산고 끝에 죽었다. 그는 가장 사랑했던 아내가 핏덩이인 막내아들을 안은 채 자신의 곁을 떠나는 슬픔을 겪었다.

그의 장자 르우벤은 아버지의 첩이자 자신의 서모인 빌하와 통간함으로써 아버지의 침상을 더럽힌 역사상 최초의 불량자로 기록됐고 아버지 야곱의 마음에 영원히 지울 수 없는 아픔을 새겼다.

야곱이 당한 마지막 고통 역시 그의 무지했던 아들들과 무관치 않다. 야곱은 사랑하는 아내가 남긴 아들이자 자신이 가장 아끼는 아들 요셉을 심부름 보낸 벌판에서 잃었다. 피 묻은 채색옷만 남기고 행방불명된 아들의 소식을 22년 동안이나 모른 채 슬픔에 빠진

그들도 사람이었다

세월을 살아야 했다.

····그러나 그것은 그가 원한 삶이 아니었다.····

아직 어머니의 품이 따뜻했을 나이에 야곱은 갑작스레 아버지의 임종을 맞았다. 어머니에게 떠밀려 형인 에서 대신 아버지의 축복의 손 아래로 자신의 머리를 가져갔다. 그는 그 일로 인한 형의 분노로 한 번도 가 보지 못했던 외삼촌의 집으로 도망갔다. 경황없는 상황에서 바삐 그를 전송하던 것이 어머니의 마지막 모습이 될 줄은 그도, 어머니도 몰랐다.

하지만 피는 물보다 진하다는 말이 사실이었던 걸까? 난생처음 본 외삼촌은 그를 따뜻하게 맞아 주었다. 누이의 아들을 본 라반은 그를 영접하여 안고 입 맞추며 받아들였다. 그리고 한 달 후엔 그에게 일도 주었고 야곱이 원하는 대로 품삯도 정하게 했다.

그렇게 그는 타향살이를 시작했다.

····라헬을 사랑하다.····

난생처음 집을 떠나 어머니를 그리워하던 야곱은 어머니의 오빠인 라반의 딸, 라헬을 사랑했다. 내 생각이지만 라헬은 야곱의 어머니 리브가를 닮았을 것이다. 그 두 여인은 아리따운 여자들이었다 (창세기 23:16, 29:17). 야곱은 사랑하는 라헬을 얻기 위해 외삼촌에게 7년간 노동으로 섬길 것을 약속했다. 하지만 그 7년이란 세월은 라헬을 사랑한 청년 야곱에겐 마치 수일에 불과한 시간들이었다.

그는 사랑을 위해 7년을 마치 7일처럼 기분 좋게 보낼 만한 사랑과 열정의 사나이였다.

·· 첫날밤을 탈취당한 야곱 ··

얼마나 고대했을까? 형의 분노를 피해 사랑하는 부모를 떠나 7년의 세월을 보내던 야곱은 가슴에 유일하게 찾아온 황금빛 사랑을 간직하며 살았다. 그날을 얼마나 손꼽아 기다렸을까? 라헬을 아내로 맞이할 그날을 위해 그는 7년을 가슴 졸이며 외삼촌의 양들을 보살폈다.

저녁에 시작한 결혼식에서 야곱은 포도주를 조금은 과하게 마신 듯하다. 그날 밤 그는 신부의 얼굴을 확인도 않고 품에 안았다. 첫날밤을 보내고 맞이한 아침에 그가 침상에서 본 여인은 라헬이 아니었다. 그 일로 그는 처음으로 외삼촌에게 화를 내었다.

둘째 딸을 첫째 딸보다 먼저 시집 보내는 것이 이 땅의 관습이 아니라는 외삼촌의 말이 이해는 되었지만 결국 야곱은 어머니의 오라비에게 속은 것이었다. 그렇게 야곱은 아내가 둘이 되었고, 또 넷이 되었다. 그가 선택한 것은 아니었지만 결혼 생활은 그렇게 이루어졌고 그래서 그런 가정을 꾸려 가는 남편이, 아버지가 되었다.

야곱은 레아를 통해 장남 르우벤부터 아들 시므온, 레위, 유다, 잇사갈, 스불론을 낳고 딸 디나를 낳았다. 라헬을 통해서는 요셉과 베냐민을 낳았다. 그리고 라헬의 여종 빌하가 낳은 아들은 단과 납

달리였고 레아의 여종 실바가 낳은 아들은 갓과 아셀이었다.

야곱은 네 여인을 통해 열세 명의 자녀를 낳았다. 그로 인해 그는 행복하기도, 슬프기도, 놀라기도, 불행하기도 했다. 야곱의 열한 번째 아들로 태어난 요셉은 네 명의 아내가 있었던 아버지 야곱과는 달리 단지 한 여인을 아내로 맞았다(창세기 41:45).

여기서 잠시 결혼에 관해 함께 마음을 나누어 보자. 결혼은 우리 생에서 그 무엇보다도 중요한 일이다. 결혼을 통해 이 땅에 새로운 가정이 태어나고 그 가정이 사회를 이루는 가장 중요한 핵이 되기 때문이다.

인생의 가장 중요한 선택, 결혼

하나님은 이 세상을 창조하신 마지막 날에 사람을 지으시되 남자와 여자를 지으시고 그 지으신 첫날에 결혼식을 거행하셨다. 남자를 깊이 잠들게 하시고 그 갈비뼈 중에서 하나를 취하시어 여자를 만드시고 남자가 깊은 잠에서 깨어났을 때 하나님은 만드신 여인을 남자에게로 데려오셨다(창세기 2:22). 그리고 하나님이 그 결혼식에서 하신 말씀은 "이러므로 남자가 부모를 떠나 그 아내와 연합하여 둘이 한 몸을 이룰지로다(창세기 2:24)."라는 것이었다.

그 말씀은 하나님이 인간에게 하신 첫 번째 말씀으로 기록되었다.

·· 하나님이 데리고 오신다 ··

알고 보면 결혼은 여러 사람 중의 한 사람을 골라서 택하는 것이 아니라, 자신을 위해서 이미 선택된 한 사람을 만나는 일이다. 그리고 그 선택의 권리는 하나님께 있다. 그러므로 결혼은 엄밀하게 말해서 인간에게 결정권이 있는 문제가 아니라 하나님이 주시는 사람에 대한 확인의 문제다.

깊은 잠에서 깨어난 아담은 잠결이지만 하나님이 데리고 오신 여인을 보면서 "이는 내 뼈 중의 뼈요 살 중의 살이라(창세기 2:23)."라며 그녀를 맞았다. 그는 그녀가 다름 아닌 자신으로부터 만들어졌음을 알았다. 그녀는 그 남자의 일부였다. 그래서 하나님이 제정하신 결혼은 낯선 남녀의 만남이 아니라 한 몸에서 나온 둘이 만나서 다시 하나가 되는 일이다.

여기서 한 가지 의문이 돋아나 내 머리는 잠시 흔들렸다. 왜 하나님은 여자를 만드신 그날에 곧장 그들을 결혼으로 이끄셨을까? 그들은 결혼을 앞두고 서로를 알아 갈 교제의 시간이 필요치 않았던 것일까?

하나님은 금방 나를 이해시키셨다. 그들은 결혼을 위해 교제할 시간이 필요치 않았다. 첫째로, 그들에겐 임재하신 하나님이 있었기 때문이다. 둘째로, 그들은 서로가 같은 몸으로부터 출발해 나누어진 몸이라는 사실을 알았기 때문이다.

그들이 하나라는 것을 안 이상, 결혼을 미룰 이유가 없었다. 그것은 진수성찬이 식기를 기다리는 것만큼이나 의미 없고 재미없는 일이며, 나아가 고통스럽기까지 한 불필요한 일이다. 게다가 먼지나 파리라도 상 위를 날아다닌다면 신경질 날 일이다. 그들의 결혼은 망설일 여지가 없었으며 하나님은 그들의 결혼을 미루실 이유가 없었다.

‥ 아담은 그녀를 알았다 ‥

아담은 그녀를 단 한 번도 만난 적이 없었지만 그를 향해 걸어오는 그녀가 자신의 몸에서 나온 그의 전부임을 알았다. 그래서 아담은 이 세상 최초의 시(詩)이자 노래를 그 여인을 위해 불렀다.

"이는 내 뼈 중의 뼈요 살 중의 살이라."

그리고 그녀의 이름을 불렀다. '여자!', 그것은 최초의 남자에 의해 불렸던 가장 아름다운 사람의 이름이었다.

'아내는 여자보다 아름답다.'라는 광고 문구가 있지만 그 첫날의 결혼식을 취재한 글에서 '여자'라는 말과 '아내'라는 말을 표현한 단어는 동일한 단어이다. 아담이 감동해서 불렀던 '여자'라는 말은 그에게 '아내'였고 그의 아내가 아닌 여자는 그곳에 없었다. 아담에게 있어 여자는 아내였으며 아내는 여자였다. 그에게 여자 아닌 아내는 없었으며 아내 아닌 여자가 없었다.

·· 미래의 거장들이 넘어지고 있다 ··

많은 남자와 많은 여자가 그들이 오해한 여자에 관한 지식 때문에, 남자에 대한 상식 때문에 거장의 문턱에도 가지 못하고 줄줄이 넘어지고 있다. 그들은 아내가 아닌 여자를 조심성 없이 만나고, 남편 아닌 남자를 스스럼없이 만난다. 꺾이거나 피다 만 꽃에서는 이듬해 싹을 틔울 꽃씨를 얻지 못하는 것처럼, 역량 있는 수많은 젊은이가 그릇된 이성 교제로 인한 후유증으로 말미암아 스스로 거장으로 가는 오르막길을 벗어나 언덕길을 내려오고야 만다.

그들도 사람이었다

·· 아담은 여자를 원하지 않았다 ··

그는 하나님이 만드신 동산에서 자신에게 맡겨진 일을 충성스럽게 하고 있었다. 아담은 모든 육축과 공중의 새, 들의 짐승에게 이름을 주느라 바삐 살고 있었다. 하나님이 지으신 남자는 여자를 요구하지 않았지만 그를 지으신 창조주 하나님께서는 그를 잠재우시고 그를 위해 친히 그의 뼈를 만지시어 여자를 만드셨다.

하나님은 자신의 계획을 위해 남자를 도울 배필을 허락하셨다. 그리고 아담은 하나님이 베푸신 결혼에 순종했다. 그래서 그는 하나님의 손에서 여자(아내)를 받았고 가정을 이루었다. 그리고 최초의 가정 위에 하나님은 최초로 그의 복을 부어 주셨다.

> "너희는 많은 자녀를 낳고 번성하여 땅을 가득 채워라. 땅을 정복하라. 바다의 고기와 공중의 새와 땅의 모든 생물을 지배하라(창세기 1:28, 현대인의 성경)."

·· 결혼의 법칙 ··

최초의 결혼식이 있던 날, 에덴동산에는 아름다운 노래가 울려 퍼졌다. 그것은 두 절로 된 노래였는데, 아담이 첫 번째 절을 불렀고 하나님께서 두 번째 절의 노래를 부르셨다.

> "이는 내 뼈 중의 뼈요 살 중의 살이라(창세기 2:23)."

"이러므로 남자가 부모를 떠나 그 아내와 연합하여 둘이 한 몸을 이룰지로다(창세기 2:24)."

　최초의 결혼을 기획하고 진행하셨던 하나님은 분명 결혼식이 후대에 모범이 되기를 원하셨을 것이다. 그렇기에 존재하지 않았던 '부모'라는 개념을 남자와 여자의 결혼식에서 언급하셨다. 하나님이 전하고자 하셨던, 결혼의 중심에 흐르는 그분의 마음은 과연 무엇이었을까?

·· 부모를 떠나 ··

　하나님이 이끌어 오신 여자를 보자 남자는 그녀가 자신의 분신임을 알았다. 그러므로 남자는 부모를 떠난다. "이는 내 뼈 중의 뼈요 살 중의 살이라 이러므로 남자가 부모를 떠나……(창세기 2:23-24)."
　남자가 부모를 떠나는 때는 그런 여자를 만났을 때다. 하나님의 손에서 여자를 얻은 남자는 자신의 부모를 떠나야 한다. 부모를 떠나 새로운 가정을 이루면 그것은 이전에 그가 속했던 아버지의 가정과 동일한 단위의 가정이 된다. 그것은 또한 새로운 가정을 번식하는 모태가 된다. 설사 그들이 한 건물에 살거나 인접한 곳에 산다 해도 엄연히 그들은 다른 가정이다.
　남자가 여자를 만나 부모를 떠나는 것은 최초로 가정을 만드신 하나님의 가정에 편입되기 위해서다. 모든 가정은 그것이 만들어지면 하나님께 속한다. 남자가 여자를 만나 부모를 떠나는 것은 하나

그들도 사람이었다

님께 속하기 위해서다. 가정은 하나님이 만드신 최초의 공동체다.

부모를 떠나는 것은 육체적, 정신적으로는 물론 영적으로도 그가 독립할 수 있음을 의미한다. 남자는 자신의 육체와 정신을 사용하여 가정을 경제적으로 돌보아야 한다. 영적으로는 가정을 하나님께 예배드리는 교회로 만들어야 한다.

그것이 남자가 아버지의 집을 떠나는 이유다. 하나님을 신뢰하는 남자는 아버지의 집을 떠나 하나님의 집을 세운다.

·· 아내와 연합하여 ··

부모를 떠나왔기에 그는 아내와 연합할 수 있다. 연합은 둘이나 혹은 그 이상의 인원이 하나가 되는 것이지만 한 사람이 여러 곳에서 연합할 수는 없다.

남자가 부모를 떠나지 않으면 남자는 아내와 육체적, 정신적, 영적으로 연합할 수 없다. 아내의 어깨너머로 아버지의 집을 바라보는 남자는 진정 아내와 연합할 수 없고 훌륭한 가장이 되기에는 부족하다.

연합은 부모의 집을 떠나 온 남녀가 하나님을 모시고 세운 가정 안에서 이루어진다. 두 남녀 사이에 하나님이 안 계시면 그 사이에 연합은 없다. 이런 표현이 하나님께는 정말 외람되지만 그분은 우리 사이에 계시는 초강력 접착제이시다.

영적으로 서로 연합한 자라야 육체적으로도 한 몸이 될 수 있다. 영적인 연합을 이룬 남녀가 육체의 연합을 통해 완벽한 하나가 된다.

하나가 될 수밖에 없는 둘이 운명적으로 만나는 것과 결코 하나가 될 수 없는 둘이 만나서 억지로 하나가 되는 것은 다른 일이다. 그것은 물과 불, 양지와 음지가 다른 것처럼 분명 다른 일이다.

·· 벌거벗었으나 부끄럽지 않았던 그들 ··

자신의 벗은 몸을 보며 부끄러워하는 사람은 아무도 없다. 아담과 하와는 원래 하나였고 하나님이 맺어 주어 다시 하나가 된 그들은 서로의 벗은 몸을 부끄러워하지 않았다.

부부는 서로를 향해 부끄러움이 없어야 한다. 상대의 아픔이 자신의 아픔이며, 상대의 기쁨이 자신의 기쁨이 되는 것은 그들이 하나이기에 가능한 것이다.

·· 예수님의 조언, "하나님이 짝지어 주신 것을 사람이 나누지 못할지니라." ··

아담과 하와는 에덴동산에서는 쫓겨났지만 하나님이 짝지어 주셨기에 결코 나뉘지 않았다.

예수님을 시험하려는 바리새인들은 이혼 증서를 써 줌으로써 이혼을 법적으로 허용한 모세의 율법을 들어 이혼에 대한 예수님의 의견을 물었다. 주님은 단호히 "하나님이 짝지어 주신 것을 사람이 나누지 못할 것"이라고 말씀하시며 "누구든지 음행한 이유 외에 아내를 버리고 다른 데 장가드는 자는 간음함이니라(마태복음 19:9)."라

그들도 사람이었다

고 가르치셨다.

인과응보 식의 모세 율법에 익숙했던 이스라엘 남자들은 예수님이 가르치신 '마음을 헤아리는 법'에 당황했다. 함께했던 예수님의 제자들마저 "그럴 바에야 차라리 장가들지 않는 것이 좋겠나이다."라는 노골적인 대답을 했다(마태복음 19:10).

·· 주님의 대답 속에서 ··

그것은 이혼에 대한 답변이 아니라 만남에 대한 해법이다. 사람들은 예수님의 답변을 '이혼 불가론'으로 받아들이면서 경건한 마음을 취하려 하지만, 나는 '하나님이 짝지어 주신 것'이란 대목에 끌린다. 주석가들은 이 본문을 보고 '하나님은 사람들이 이혼하는 것을 원하시지 않는다.'라고 소리를 높였다. 그러나 나는 그것뿐만이 아니라 이 본문에서 취해야 할 말씀은 '하나님이 준비해 주신 사람을 만나야 한다.'라고 외치고 싶다.

결혼은 하나님이 주신 사람을 만나 하나가 되는 일이다. 하나님이 짝지어 주신 사람을 만나 결혼에 이르는 것은 놀라운 축복이지만, 자신의 생각에 이끌려 타인과 하나가 되는 일은 이 세상에서 우리가 경험하는 최악의 불행 중 하나다.

·· 적과의 동침 ··

사람에 따라 만나는 방법이 다양하지만, 우린 모든 만남이 하나님에 의한 일인지를 민감하게 살펴야 한다.

불행한 일이지만 하나님을 알지 못하는 사람들의 결혼은 모험이며, 위험하기까지 하다. 에덴동산 첫 인류의 결혼을 한 남자와 한 여자의 만남으로 이끄신 것이 바로 하나님이다. 결혼이란 온 세상의 이성 가운데서 딱 한 사람을 만나는 것이다. 그래서 그것은 그만큼 어렵고 신비로운 일이다. 그렇기에 주님의 뜻에 합당한 결혼은 그만큼 아름답고 황홀하며, 잘못된 결혼은 그만큼 고통스럽다.

·· 이혼 불가론의 모순 ··

하나님이 짝지어 주신 결혼을 파기하는 일은 명백한 죄지만, 하나님의 뜻을 저버리고 한 결혼을 지속하는 것은 그만큼의 고통이 따른다. 그 인내를 칭찬할 수는 있지만, 그것을 강요하는 것은 칭찬받을 일이 아니다.

나는 이 글을 필리핀의 수도 마닐라에서 쓰고 있다. 이 나라는 로마 가톨릭 국가이므로 이혼을 법으로 금지한다. 그렇다고 이들의 결혼이 모두 하나님이 짝지어 주신 것으로 받아들이기는 쉽지 않다.

그들은 사랑하지 않아도 이혼을 금지하는 법 때문에 여전히 한집에 살거나 별거를 해도 죽을 때까지 이혼하지는 않는다. 이곳의 많은 사람이 집 밖에서 아내 외의 여자와 만나고 은밀한 곳에서 남편 아닌 남자를 만난다.

내가 생각하기에 필리핀의 최대 문제는 가정의 혼란이다. 그뿐만 아니라 온전치 못한 가정에서 아이들이 태어나고 혼탁한 공기 속에서 자란다. 물론 이러한 일은 필리핀만이 아니라 온 세상에서 일어나고 있다.

·· 빛 좋은 개살구, 독신 ··

세상이 변하면서 죄인이 된 사람들은 하나님의 축복을 저주로 바꾸어 놓았다. 결혼은 사람을 지으신 조물주 하나님이 인간에게 내리신 배려 깊은 축복이다. 그래서 사람은 누구나 결혼을 해야 한다. 독신은 사람 마음대로 결정하는 문제가 아니다. 사람을 지으신 하나님께 독신의 은사를 받은 사람만이 결혼하지 않을 수 있다.

하나님이 허락하신 독신 생활 역시 축복이다. 역사 속에서만이 아니라 오늘날에도 주님만을 섬기는 거룩한 독신자들이 있어 주님을 기쁘게 한다. 하지만 자유와 방탕에 뿌리를 둔 무분별한 독신 생활은 가정을 위협하며 세상을 교란시킨다. 사람을 지으신 하나님은 그 첫 사람을 보면서 말씀하셨다.

"사람이 혼자 사는 것이 좋지 못하니 내가 그를 도울 적합한 짝을 만들어 주겠다(창세기 2:18. 현대인의 성경)."

·· 결혼과 준비 ··

평생을 살아가며 해야 할 일이 사람들에게는 많다. 테니스, 골프,

축구, 수영 같은 삶에 활력과 건강을 주는 스포츠도 있고, 삶에 편리와 효율을 가져다주는 컴퓨터와 자동차 다루는 일도 있다. 그런가 하면 삶의 터전을 공급해 주는 일도 있다. 이런 것들은 모두가 필요하고 중요한 일인데 그 필요성과 중요도에 따라 사전에 준비를 철저히 해야 한다.

골프나 테니스가 직업이 아닌 사람들도 남보다 잘하기 위해 전문가의 지도를 받기도 하고 열심히 연습하기도 한다. 축구나 수영을 즐기기 위해서는 그에 따른 체력과 단련이 필요하다.

컴퓨터는 잘 배우지 못하면 다룰 때마다 불편을 감수해야 하며 효율도 떨어진다. 운전도 잘 준비하지 않거나 익숙하지 않으면 심히 위험하여 자신이나 타인의 생명을 위협한다.

그러나 이제껏 나열한 여러 가지 일보다 훨씬 중요하고, 또 미리 준비하지 않으면 인생 전체를 망치는 것이 있다. 그것은 바로 '결혼'이다.

·· 낭만이란 글자에 묻혀 버린 무책임 ··

결혼은 행복으로 가는 고속도로다. 그런데 그 길이 너무나 황홀해서 사람들은 엄연한 현실을 꿈으로 착각해 낮잠과도 같은 낭만의 달콤함에 자신을 맡겨 버린다. 그래서 꿈에서 깬 어느 날, 펼쳐진 현실에 당황하고 미리 준비하지 않았으므로 대처 방법을 찾지 못한다.

그리고 결혼은 골프, 컴퓨터, 운전과 달라서 연습이라는 게 없다. 어느 날 갑자기 남자는 남편이 되고 여자는 아내가 된다. 그러므로 자칫하면 운전을 위해 노력하는 것보다도 성의 없는 상태에서 아빠

그들도 사람이었다

가 되고 엄마가 된다. 컴퓨터는 새 제품이 나올 때마다 바꿀 수 있고, 자동차도 망가지거나 성능이 떨어지면 새 모델로 교체할 수 있다. 그러나 가정이나 자녀는 그렇지 않다. 그렇기에 아름다운 결혼과 향기 나는 가정을 위해서는 철저하다 못해 지독한 사전 준비와 피나는 훈련이 있어야 한다.

　　·· 거장들의 결혼 준비 – 길이 아닌 곳은 가지 않는다,
　　　　덤불이 있는 곳은 길이 아니다··

1. 하나님이 깨우실 때까지 아담처럼 깊은 잠을 잔다

하나님께서 아담의 갈비뼈를 취하여 하와를 만드실 때 아담은 깊은 잠에 빠져 있었다. 성경은 그 잠이 '혼수상태'와 같은 것이라고 설명한다. 그것은 의학적으로 마취 상태와 같았을 것이다. 하와는 하나님이 만드셨고 아담은 잠을 잤다. 하와를 위해 아담이 한 일은 아무것도 없었다. 현대의 사람들은 무언가 하는 것보다 아무것도 하지 않는 것을 더 어렵게 생각한다. 더욱이 아담이 잔 잠은 죽음과도 같은 것이다. 아담은 하나님이 일하시는 동안에 죽은 듯 잠을 잤다. 이 세상에는 하나님이 하실 일이 있고 사람이 할 일이 있다.

사람들은 자신의 생각과 욕심을 죽이지 못해 서둘러 일하길 원한다. 그래서 사람을 만날 때도 잠잠히 기다리지 못하고 서둘러 상대를 찾아 나서고 이것저것 쇼핑하듯 사람을 고르고 다닌다. 또 동물 시장에 나온 가축들처럼 얼마나 많은 남녀가 자신의 얼굴을 알리길 원하며, 소개꾼들은 얼마나 많은 상품을 그들의 파일에 담고 다

니는가? 그리고 이 땅의 소중하고 아름다운 남녀가 황금 같은 청년기에 상대를 찾기 위해 얼마나 많은 시간과 정열을 허비하는가? 그럴수록 그들은 얼마나 약하고 추해지는가?

하나님의 청년들은 아담과 같이 육신을 죽이고 허탄한 욕심을 혼수상태에 빠뜨린 채 영을 깨워 기도해야 한다. 자신의 하와(여자)를 보여 달라고 기도하며, 자신의 아담(남자)에게로 데려가 달라고 간구해야 한다. 날마다 일용할 양식을 위해서 기도하듯 또 다른 자신을 만나기 위해 간구해야 한다. 아담은 하와를 만나야 노래할 수 있고 하와는 아담을 만나야 그 아름다운 노래를 들을 수 있다.

"이는 내 뼈 중의 뼈요 살 중의 살이라(창세기 2:23)."

내 뼈를 내가 만들 수 없고 내 살을 내가 창조할 수 없듯이 나의 기도 한 여자를 내가 만들 수는 없다. 내가 만들지 않은 것을 내가 찾을 수는 없고 스스로 찾은 것은 내가 아니다.

내 아들 필립은 어려서부터 선교사가 되기 위해 헌신했다. 그리고 그 시기부터 나는 그가 장차 만날 그의 여자(아내)를 위해 매일 기도하게 했다. 그래서 그는 언젠가 하나님이 데려오실 여자를 보게 되면 그 여자가 자신의 뼈인지 살인지 알 수 있게 해 달라고 늘 간구했다. 나 역시 아이들이 아직은 어리지만 그들의 배필을 위해서 날마다 기도한다. 내가 그들을 볼 때 그들이 그들인지 깨닫게 해 달라고 기도한다.

기도는 자신을 죽이는 일이다. 기도는 자신의 뜻을 고집스럽게

그들도 사람이었다

아뢰는 일이 아니라 자신의 생각을 죽이고 하나님의 생각을 구하는 일이다. 죽이는 것이 가장 아름답고도 강력한 기도 행위이다.

자신의 기준이나 조건을 걸고 그런 상대를 자신에게 보내 달라고 기도하는 것은 조물주에게 실례가 되는 행위이다. 그 대신 주님이 주신 사람을 만나 가정을 이루겠다고 아뢰는 기도는 향내 나면서도 그분이 기뻐하시는 기도이다. 우리의 뼈를 지으신 그분이 우리를 아시고, 우리의 살을 만드신 그분이 우리를 아신다.

여호와께서 그녀를 데려오실 때까지 남자들은 기도하며 기다려야 한다. 전능하신 하나님께서 그 남자를 자신에게 보여 주실 때까지 여자들은 기도하며 인내해야 한다. 신발 한 짝만을 만드는 기술자(shoe maker)가 없듯이 하나님은 이미 각기 어울리는 배필을 만들어 놓으셨다.

2. 그녀(그)를 데리고 나타나신 분이 하나님이신지를 확인한다

사탄도 간혹 세상의 딸이나 아들을 데리고 나타난다. 하나님의 사람에게는 자신의 인생에 나타난 그의 손을 만지기 전에, 그의 얼굴에 익숙해지기 전에 그(그녀)가 정말 하나님이 자신을 위해 보낸 사람인지를 아뢰는 지혜가 있어야 한다. 그리고 그분이 대답하실 때까지 묻고 또 물어야 한다.

사람들은 하나님이 잘 대답하시지 않는다고 하는데, 그것은 틀린 말이다. 하나님은 듣기를 원하여 끝까지 묻고 기다리는 사람에게 말씀하기를 즐겨 하신다. 역사 가운데에는 그분의 말씀 듣기를 목마른 사슴처럼 간절히 간구하고 애타게 기다린 샛별 같은 사람이 적지 않았다. 그리고 그들로 인해 이 땅엔 하나님의 일이 끊이지 않았다.

그래서 아브라함은 하나님의 말씀을 즐겨 들을 수 있었고, 노아는 그의 시대에 하나님의 말씀을 듣는 유일한 사람이 될 수 있었다. 마리아는 세상 아무도 믿을 수 없는 비밀을 어느 날 듣게 되었고 그녀의 남편 요셉은 그 엄청난 일의 증인이 될 수 있었다. 들을 귀 있는 자는 듣게 된다.

사람들은 자주 묻지만 그분의 입술에서 떨어지는 말씀을 끝까지 인내로 기다리지는 않는다. 자기 앞에 나타난 상대의 아름다움에 반해 하나님께 묻기 싫어하거나 묻고서도 끝까지 그 대답을 기다리지 못해 급히 선택해 버린다. 이런 일은 젊은 크리스천들이 저지르는 가장 흔한 실수다.

3. 몰래 가져가지 말고 주실 때까지 기다린다

하나님은 하와를 아담에게로 이끌어 오셨다(창세기 2:22). 그리고 그 둘에게 복을 주시며 복을 선포하셨다(창세기 1:28). 그것은 축복의 정원에서 베푼 아담과 하와의 성스러운 결혼식이었고 하나님과 인간 사이의 언약식이었다.

어머니들은 사랑하는 자신의 아이를 위해 훌륭한 만찬을 준비한다. 맛있는 냄새가 주방에서 새어 나오더라도 아이는 문턱을 드나들며 그 음식에 손을 대서는 안 된다. 아직 어머니의 요리가 끝나지 않았고, 또 그의 어머니가 원하는 것은 아름다운 샹들리에가 비춰주는 밝고 아늑한 식탁에서 아이들을 먹이는 것이다.

어머니는 아이가 편안함과 기쁨으로 그 음식을 먹고 건강하게 자라길 원한다. 그러나 아이가 어머니 몰래 주방을 드나들며 프라이팬에 있는 뜨거운 음식을 집어 먹다 손이 데이거나, 급히 먹느라 체하기라도 한다면 어머니의 상심은 말로 다 할 수 없을 것이다. 설사 그런 불행이 일어나지 않더라도 자신의 아이가 이것저것 마음대로 먹어서 잘 차려진 식탁에서는 포크로 장난만 치고 곁눈으로 텔레비전만 본다면 어머니의 수고는 커다란 기쁨으로 이어지지 못한다.

이 땅의 많은 크리스천 젊은이들이 하나님께서 예비해 주신 상대를 만나면서도 하나님이 그들을 위해 그의 정원에서 복 주시는 때를 기다리지 못하고 서두르는 바람에 경건함을 잃는다. 또한 정결을 이어가지 못해 이 땅의 예배자로서 서지 못하고 그 놀라운 특권을 잃어버린다.

그리고 설사 아담(남자)과 하와(여자)가 결혼한다고 하더라도 그때를 기다리지 못한 사람들은 새로운 가정 안에서 하나님을 만나기가 심히 어려워진다. 그래서 그 가정은 이 땅에서 하나님의 나라를 이루는 모판이 되지 못하고 그저 있으나 마나 한 가정이 된다.

그러므로 하나님의 사람들은 하나님이 정해 준 하나님의 사람을 만나서 그분의 축복으로 함께 시작하는 첫날이 오기까지 깨어 기도하며 모든 정결과 깨끗함으로 그날을 준비해야 한다.

손을 잡아서도 안 되고 포옹해서도 안 된다. 세상 사람들에겐 그런 것이 보통의 일로 치부된다고 하더라도 하나님의 사람들에겐 그것이 올무가 되어 어둠에 머물게 된다. 우리의 적인 사탄은 그런 우리를 더 깊은 어둠 속으로 몰고 가 마침내 겨우 구원받거나 그보다도 못한 사람이 되게 한다.

나는 담배가 건강의 문제만 아니라면 그리 달가운 것이 아니라고 여기지는 않는다. 하지만 그 흡연이 몰래 하는 일이라면 독이 된다고 생각한다. 우리를 넘어뜨리는 것은 한 개비의 담배가 아니라 그로 인해 우리의 속을 파고드는 어둠이다. 그렇기에 한국 크리스천 사회에선 담배를 드러내 놓고 피울 수 없다면 끊어야 한다. 한국의 로마 가톨릭 신부들이 담배를 피우면서도 사목할 수 있는 것은 그들의 공동체에서는 그것이 용인되기 때문이다.

결혼 생활에 못지않게 결혼 전의 남녀 교제는 아름답고도 중요하다. 하지만 그것이 아름답기 위해서는 충분히 조심하고 거룩해야 한다. 자신의 인생 앞에 나타난 그(그녀)가 자신을 위해 빚어진 사람인지를 알 수 있을 때까지 행동을 조심해야 하고 그(그녀)가 하나님이 보내 준 자신의 배필이라는 것을 알고 난 뒤에도 거룩함으로 교제해야 한다.

그것은 씨를 뿌리기 위해 밭을 가꾸는 것과 같다. 밭을 일구는 것을 소홀히 하면 귀한 씨앗이 떨어지기도 전에 엉겅퀴들이 돋아나 마구 밭을 훼손한다. 잡초로 인해 그 땅을 황무지로 만드는 것은 하나님 나라의 크나큰 손실이다.

·· 죄 중에도 으뜸인 죄 ··

죄 중에도 간음죄가 단연 으뜸인 것은 그 죄가 자신에게서 끝나지 않고 상대의 영혼을 흔들리게 하며 중독성마저 옮기기 때문이다.

다윗이 지은 간음죄(이 경우에는 강간죄의 성격이 조금은 있었지만)는 살인으로 옮아 갔다. 그리고 결국은 신실한 사람의 가정을 파탄에 이르게 하고 단란했던 한 가정을 사라지게 했다. 또한, 간음죄는 다른 죄와는 달리 몸을 도구로 하는 범죄이기 때문에 그 죄의 영향력과 상처가 몸속에 남는다.

·· 그것은 공동체도 무너뜨린다 ··

사도 바울은 음행이 교회 안에 있음을 듣고 분개하여 그(아버지의 아내를 취한 자)를 사탄의 손에 내어 주었다고 말했다(고린도전서 5:1-5). 그리고 교회 공동체에 속한 자로서 죄(특히 음행)를 짓는 사람과는 사귀지도 말고 함께 식사도 하지 말 것을 명했다(고린도전서 5:11).

특히 오늘날의 개신교회는 다른 종교에 비해 자주 모이고 서로 가까이에서 만나는데, 사탄은 이런 틈을 노린다. 기도하지도 않으면서 자주 모여서 하나님의 말씀을 깊이 나누지 못하고 예배에도 전념하지 못하면 모이지 않는 것보다 더 나쁜 결과를 가져올 수 있다.

오늘날 교회의 수가 늘고 교인도 점점 많아지는 것은 너무나도 감사한 일이지만, 그럼에도 불구하고 교회가 세상을 변화시킬 수 없다면 그것은 원래의 교회(The Church)가 아니다.

초대 교회 공동체는 날마다 마음을 같이하여 성전에 모이기를 힘쓰되, 순전한 마음으로 교제했으며 하나님을 찬미했다. 그래서 그들은 당시의 세상으로부터 칭송을 받았다(사도행전 2:46-47). 그리고 교회의 지도자들은 기도와 말씀 전하는 일에 전념했다(사도행전 6:4).

·· 사탄은 가정을 노린다 ··

사탄은 인류 첫 가정을 공격했고 목적을 달성했다. 그는 알고 있다. 가정을 무너뜨리는 것이 인류를 향한 가장 크고도 효과적인 공격이라는 것을 말이다. 그는 이미 서 있는 가정을 공격할 뿐만 아니라 앞으로 세워질 가정도 공격한다. 그래서 이 땅의 젊은이들을 미혹하고 육체를 섬기도록 하며 눈에 보이는 것만을 추구하게 한다.

그 결과, 이 땅의 많은 젊은이가 외모 가꾸는 일을 영을 살리는 일보다 더 중요하게 여긴다. 또한, 하나님 앞에서 기도하고 예배하기보다 자신의 기쁨과 안락함을 위해 허락된 대부분의 시간을 소비한다.

그래서 그들은 인터넷 세상 속으로 마냥 날아다닌다. 술집으로, 당구장으로, 미용실로, 학원으로 그들의 여정은 다음 날 새벽이 되도록 끝나지 않는다. 그리고 이 땅의 많은 젊은이는 캠퍼스에 머물 때가 하나님을 가장 가까이 할 수 있는 절호의 기회임을 알지 못하고 사람을 만나 사랑을 키우는 일에 시간과 돈과 정열을 허비한다.

한국 대학생들은 평균 7.3명을 사귀고서야 결혼 상대를 만난다는 통계에 휘말린 채, 만나고 헤어지느라 그들의 고된 젊음을 이어 간다. 그러다 아픔을 이기지 못한 여학생은 휴학을 하고 남학생은 군대에 간다.

그들도 사람이었다

‥ 세상에서 가장 아름다운 결혼 이야기 ‥

127세가 된 아내를 먼저 이 땅의 흙으로 보낸 아브라함은 아들 이삭의 결혼을 위해 평생을 그와 함께했던 나이 많고 신실한 종(엘리에셀이었을 것이다)을 부른다. 일흔다섯의 나이에 고향을 떠나 와 반평생 넘게 가나안에 살던 그는 자신의 종을 고향으로 보내 아들 이삭을 위해 신부를 데려올 것을 명한다. 자신이 사는 가나안의 여인이 아닌 자신의 고향에 사는 자신의 동족 가운데서 아들의 신부를 데려오기를 원했다.

‥ 가나안 족속의 딸 중에서 아내를 택하지 말고 ‥

가나안에도 여인이 많았지만 아브라함은 아들의 아내가 될 사람을 자신의 고향 메소포타미아에서 찾기를 원했다.

이 세상의 반은 남자고 그 반은 여자다. 여자에겐 남자가, 남자에겐 여자가 그렇게나 많지만 그들이 만나야 할 사람은 지구상에 단 한 사람이다. 아브라함에게 있어서 가나안은 세상(당시 그가 살던 가나안은 범죄했고 타락했었다)이고 고향 메소포타미아는 하나님의 나라였다.

그가 며느리를 고향 땅에서 찾은 것은 세상에 속해 살지만 이 땅에서 하나님의 뜻을 구하는 사람은 자신이기 때문이었다. 이 시대를 살아가는 아브라함의 후손, 크리스천들은 이러한 조상의 행동에서 우리가 만나야 할 사람이 누구인지를 알아야 한다. 그와 그녀는 하나님의 사람이어야 한다.

·· 내 아들을 데리고 그리로 가지 말지니라 ··

신실한 종은 아브라함에게 메소포타미아에서 그를 따라 가나안으로 오려는 여자가 없다면 그의 아들 이삭을 그리로 데리고 가도 좋은지 물었다.

아브라함의 대답은 'No'였다. 이유는 간단했다. 일흔다섯의 그를 처음 부르신 하나님은 그를 축복하시어 지금 그가 살고 있는 땅을 그의 후손에게 주실 것을 약속하셨기 때문이다(창세기 24:7). 그는 신실하신 그 언약을 믿었기에 그의 아들이 아내를 얻기 위해 축복의 땅을 떠나는 것을 원치 않았다.

아내를 얻는 일보다 하나님의 말씀을 믿고 지키는 것이 우선이다. 여자를 얻기 위해 하나님의 언약을 파기하는 것은 우둔한 일이며, 남자를 만나기 위해 하나님의 말씀을 버리는 일은 어리석은 일이다. 아브라함에게도 고향은 정겹고 그리운 친척이 사는 곳이지만, 그에게 임했던 하나님의 말씀을 지키는 일보다 그것들이 더 중요하지는 않았다.

이 땅엔 아직 사람을 얻기 위해 하나님을 떠나며, 부귀를 얻기 위해 하나님의 말씀을 저버리는 사람이 많다. 그러나 아브라함은 알았다. 하나님이 복의 근원이심을.

·· 오늘 나에게 그녀를 순조롭게 만나게 하사 ··

아브라함의 종은 주인의 명을 받들어 낙타 열 필과 그 등에 주인이 보낸 온갖 귀한 예물들을 싣고 가나안 땅을 떠나 주인의 고향에 이른다. 신실한 종은 그 성에 도착하자마자 주인의 하나님께 기도한다. 그는 그의 주인 아브라함과 맺으신 하나님의 언약을 의지했다. 그리고 하나님께서 구체적으로 응답하시기를 구한다. 기도는 구하고 기대하며 기다리는 것이다. 성공을 준비하는 자의 첫 번째 행동은 바로 기도이다.

여인들이 물 길으러 오는 시간에 도착한 그 종은 하나님께 아뢴다. 물을 긷는 한 소녀에게 마실 물을 그가 구할 것인데 그에게 마실 물을 주되 그에게뿐만 아니라 그의 낙타들까지 물을 마시우게 하는 소녀가 있다면 그녀가 바로 주인의 아들 이삭을 위하여 주님이 예비한 신부인 줄을 알겠노라고 말씀드린다.

이 대목에서 주석가 메튜 헨리는 이렇게 덧붙인다.

> "그는 그의 주인의 아내가 겸손하고 근면하며, 자기가 할 일을 잘 돌보고 처리할 줄 알 뿐만 아니라 또한 기꺼이 일에 임하는 자로 자란 여인이기를 바랐다. 또한 그 여인이 예의가 바르고 나그네에게 너그러운 성품을 지닌 사람이기를 바랐다. 주인의 아내를 구하러 갔을 때 그는 유흥 장소나 공원에 가지 않았다. 또 그런 곳에서 신붓감을 만날 수 있기를 기도하지도 않았다. 그보다는 일을 잘하는 사람을 만날 수 있는 가능성이 큰 '우물가'로 갔던 것이다."

·· 말을 마치기도 전에 ··

그의 기도를 들으신 하나님은 즉시 일을 시작하셨다. 한 소녀가 물동이를 어깨에 메고 우물가로 나온 것이다. 그녀는 아브라함의 동생 나홀(그의 아내는 밀가이다)의 아들인 브두엘의 딸이었다. 놀랍게도 그녀는 아브라함의 친족이었다. 종은 그땐 몰랐지만, 그의 주인이 당부했던 '내 고향, 내 친척(my own relatives)'이란 조건이 들어맞고 있었다.

하지만 그는 더 기다려야 한다. 긴장을 풀어서는 안 된다. 기도한 사람은 일이 끝날 때까지 흥분해서도 안 되고 조급해서도 안 된다. 물론 그 일이 더디 온다고 실망해서도 안 된다. 다만 기대하고 기다려야 한다.

·· 심히 아리땁고 남자를 가까이하지 아니한 처녀더라 ··

그것이 뭐가 그리 중요한가? 사람의 외모와 육체의 순결이 뭐가 대단하단 말인가? 특히나 21세기의 리브가들에게 그것이 도대체 뭐란 말인가? 얼마든지 뜯어고칠 수 있고 다시 만들 수 있다.

하지만 성경(그것은 하나님의 기록이다)은 그것을 놓치지 않는다. 그녀가 심히 아름다운 여인이었고 이제껏 순결한 소녀였음을 하나님은 그 책(The Bible) 두루마리뿐만 아니라 세상 사람들의 가슴에 기록한다.

그녀를 기다리는 사람은 그 시간에도 들판에서 하나님을 묵상하고 있을 이삭이기 때문이다. '아브라함의 하나님, 이삭의 하나님, 야곱의 하나님'으로 불리는 하나님의 이름 가운데에 있는 바로 그 '이

그들도 사람이었다

삭'이기 때문이다.

·· 여호와께서 주신 여부를 알고자 하더니 ··

그녀를 뚫어지게 쳐다보던 아브라함의 종은 우물가로 내려가 물
을 가득 채워 올라오는 그녀에게 달려갔다. 그는 하나님께 구했던
그대로를 살핀다. 먼저, 마실 물을 좀 달라고 하고는 그녀가 자신뿐
만 아니라 열 마리나 되는 낙타들에게도 물을 마시게 하는 수고를
아끼지 않는지 살폈다.

연약한 소녀 리브가는 그 사람에게 물을 주고 다 마실 때까지 기
다렸다가 남은 물을 급히 낙타들의 구유에 붓고 다시 바쁘게 우물
을 오가며 모든 낙타를 위해 물을 길어 날랐다. 나는 그 낙타가 열
마리나 되었음을 다시 말하고 싶다. 그리고 낙타가 얼마나 많은 양
의 물을 마시는가. 아브라함의 늙은 종은 얼마나 기쁘고 흥분되었
을까? 그녀는 심히 아리따웠고, 친절했고, 부지런했다.

하지만 아직은 아니다. 서둘러서는 안 된다. 더 기다려야 한다. 신
실했던 종은 그녀를 묵묵히 주목하며 여호와께서 과연 평탄한 길
을 주셨는지 여부를 알고자 했다(창세기 24:21).

·· 네가 누구의 딸이냐 ··

낙타가 물을 다 마시자 아브라함의 충성스러운 종은 그녀에게 선
물을 주었다. 반 세겔(한 세겔은 11.4그램이다)의 금 코걸이와 열 세겔

의 금 팔찌 한 쌍을 주었다. 그 선물은 이제껏 그 소녀가 수고한 땀에 대한 감사였다. 그때까지의 결산인 셈이다.

그리고 그는 물었다.

"네가 누구의 딸이냐?"

이제까지의 상황은 그 종을 만족하게 했지만 그렇다고 일이 다 된 것은 아니었다. 주인의 고향에 와서 아름다운 소녀를 만났지만 그가 넘어야 할 다음 단계가 있었다. 처녀가 '주인의 친척'이어야 했다. 결정권은 그에게 있었지만 그는 주인의 조건을 만족시켜야 했다. 종은 그녀의 대답을 기다렸다. 소녀가 입을 열 때까지 늙은 종은 긴장하지 않을 수 없었다.

그는 생각했을 것이다. '이 소녀가 만약 이 땅에 많지 않을 주인의 친척 중 하나가 아니라면 또 어디서 이만한 소녀를 만날 수 있을까? 그리고 오늘밤 나와 내 친구들, 그리고 이 낙타들은 어디서 유숙을 해야 하나?' 주인의 집을 떠나온 지 오랜 시간이 흘러 지친 노인의 심경을 우리는 헤아릴 수 있을까?

아무리 우리가 열악한 환경 가운데 있다고 하더라도 우리 자신을 함부로 세상에 던질 수 없는 것은 우리 속에 하나님이 정하신 계획과 뜻이 있기 때문이다. 그만큼 우리는 귀한 존재들이다.

·· 나는 밀가가 나홀에게서 낳은 아들 브두엘의 딸이니이다 ··

그 노인은 자신의 귀를 의심했을까? 그렇게 듣고 싶던 한마디 말이 아름다운 소녀의 입을 통해 자신의 귀로 들려 왔다. 그 소녀가 바로 자신의 주인인 아브라함의 친족이었던 것이다. 그녀가 자신의 주인 아브라함의 동생 나홀의 손녀딸임을 확인한 그는 머리를 숙여 주인의 하나님께 경배를 했다.

> "가로되 나의 주인 아브라함의 하나님 여호와를 찬송하나이다 나의 주인에게 주의 인자와 성실을 끊이지 아니하셨사오며 여호와께서 길에서 나를 인도하사 내 주인의 동생 집에 이르게 하셨나이다 하니라(창세기 24:27)."

우리가 이 이야기를 계속해서 뭐 하겠는가. 우리가 하나님이 하신 일을 살펴본 이상 다른 이야기가 뭐가 필요하겠는가. 나는 성경이 아닌 내 책이 두꺼워지는 것을 원하지 않는다.

이렇게 해서 메소포타미아의 한 소녀는 그 땅을 떠나 천만인의 어미가 된다. 그리고 그 씨로 인해 대적의 성문을 취하는 어미(창세기 24:60)가 되는 축복의 길을 걷게 된다.

·· 세상을 감동시킬 당신의 웨딩 스토리 ··

나는 기대한다. 이 땅의 거룩한 젊은이들로부터 생겨날 아름다운 가정과 그 가정에서 태어난 순결한 자녀들이 이루어 갈 하나님의 나라를.

하나님은 거룩한 사람들을 사용하신다. 그분은 죄인도 사랑하시지만 자신의 나라를 가꿀 일꾼들을 위해서 세상에서 거룩한 자들을 뽑으신다. 그래서 여호와 하나님은 이새의 여덟 아들 가운데서 다윗을 택하셨고 야곱의 열두 아들 중에서 요셉을 뽑아 사용하셨다.

나는 지금의 아내를 기도 중에 만났다. 세계 최대의 교회를 목회하는 조용기 목사나 세계적인 신유 사역자 베니 힌 목사도 그들의 아내를 기도 중에 만났다. 그들도 하나님의 지시로 아내를 만나 가정을 이루었다고 책에서 읽은 적이 있다.

나는 나의 아들들의 리브가와 딸들의 이삭을 그렇게 만나게 되길 부지런히 기도한다. 그래서 나는 가슴이 뛰고 행복하다.

이제 우리를 기다리는 주인공이자 하나님의 사람인 요셉을 만나러 가자. 그가 너무 오래 우리를 기다리고 있다.

그들도 사람이었다

여호와께서 함께하는 사람, 요셉

3장

·· 어머니가 지어 준 이름 ··

요셉은 아버지의 복잡한 결혼 생활로 인한 희생자였다. 그것은 요셉뿐만 아니라 그의 열한 명의 형제들도 마찬가지였다. 야곱은 사랑으로 충만한, 한 남자와 한 여자가 올망졸망한 자식들과 한상에 둘러앉아 먹고 마시는 그런 아름다운 가정의 아버지가 아니었다.

그 가정 안에는 서로 남편을 갖겠다는 두 여인의 그릇된 열정이 있었으며, 남편의 자식을 먼저 갖기 위한 서글픈 다툼이 있었다. 그 여인들은 자식을 통한 만족을 꾀하여 자신들의 하녀를 남편에게 첩으로 주는 무모한 용기도 마다하지 않았다.

남편의 다른 아내였던 자신의 언니와는 달리 오랫동안 자식을 낳지 못했던 라헬은 첫아들을 낳아 그의 이름을 '요셉(여호와는 다시 다른 아들을 내게 더하시기를 원하노라)'이라 하여 또 다른 아들에 대한 열망을 이름에 담았다. 라헬은 그녀의 소원대로 요셉의 동생을 임신하지만, 그 아들을 낳은 기쁨을 맛보기도 전에 극심한 산고로 세상을 떠나고 말았다.

죽어가던 그녀는 마지막 남은 힘으로 그 아들의 이름을 '베노니(내 슬픔의 아들)'라고 외쳤지만 아내를 먼저 보낸 야곱은 아내가 남기고

간 막내아들의 이름을 '베냐민(오른손의 아들)'이라고 고쳐 불렀다.

동생을 얻은 날에 어머니를 잃은 요셉의 어린 시절은 시작되었다.

·· 형들의 틈바구니에서 ··

자신이 가장 사랑했던 아내를 잃은 슬픔을 떨쳐 버릴 수 없었던 야곱은 아내가 남겨 놓은 아들인 요셉을 끔찍이 사랑했다. 그래서 다른 아들과는 구별할 수 있도록 그에게 채색옷을 입혔다. 하지만 요셉이 입었던 그 채색옷의 긴 소매에 가려졌던 형들의 시기와 질투를 아버지는 알지 못했다.

야곱의 아들들은 모두 아버지의 양을 치는 목자로 살았다. 나는 야곱이 왜 요셉을 첩이었던 빌하와 실바의 아들들과 함께 양을 치게 했는지 모르겠다. 요셉은 어머니였던 라헬의 여종 빌하가 낳은 아들인 단과 납달리, 그리고 레아의 여종 실바가 낳은 아들인 갓과 아셀 등과 함께 들판에서 아버지의 양을 쳤다. 요셉은 그와 함께 들판에서 생활하는 이복형들의 비행을 야곱에게 낱낱이 고했다.

그럴수록 다른 아들과 구별된 요셉은 아버지의 사랑과 칭찬을 독차지했다. 그러나 아버지 몰래 날아오는 형들의 꿀밤에 머리는 더욱더 어지럽고 멍이 들어 갔다.

·· 꿈꾸는 소년 ··

열일곱 나이의 요셉은 야곱의 다른 아들들과는 달리 꿈꾸는 소년

그들도 사람이었다

이었다. 요셉은 형들과 함께 벌판에서 양을 치는 소년이었지만, 그들판에서 함께 잠든 형들과는 달리 꿈을 꾸는 목동이었다.

꿈은 꾸어지는 것이지만 꿈을 꾸는 사람은 그렇지 않은 사람과는 다른 사람이다. 꿈을 꾸어서 꿈이 있는 사람이 되는 게 아니라 꿈이 있는 사람이 꿈을 꾼다. 꿈이 있는 사람은 꿈이 없는 사람과 함께할 수 없고, 꿈을 꾸지 않는 사람은 꿈을 꾸는 사람을 받아들이지 않는다. 어쩌면 그들은 빛과 그림자처럼 함께 있어도 하나가 될 수 없는 사람들일지도 모른다.

·· 꿈을 말했다 ··

형들은 꿈꾸는 자 요셉을 받아들일 수 없었다. 형들은 요셉이 꿈을 꾸기 때문에 미워한 것이 아니었다. 그들은 요셉이 꿈을 아버지 앞에서 말했기 때문에 그 별난 동생을 증오했다. 그래서 그들은 마침내 열일곱 살 동생을 타국의 상인들에게 팔고 말았다.

혹자들은 말한다. 요셉이 왜 그 꿈을 발설했느냐고, 그것은 지혜롭지 못한 일이었다고. 하지만 어떻게 그 신기한 꿈을 꾸고 말하지 않을 수 있으며, 그 놀라운 꿈을 아버지에게 고하지 않을 수 있었겠는가. 그리고 그때 요셉의 나이는 피 끓는 열일곱이 아니었던가.

·· 발가벗은 채 요셉은 국경을 넘었다 ··

그날은 요셉이 양을 치는 날이 아니었다. 형들은 벌판에서 아버지의 양을 돌보고 있었지만, 아버지는 요셉을 돌보고 있었다. 요셉은 형들이 받지 못한 특별한 사랑을 누리고 있었고, 아버지는 특별한 가르침으로 아들을 양육하고 있었다. 그리고 그날 그 특별한 아들 요셉은 아버지의 심부름으로 형들이 잘 있는지 살피러 나갔다(창세기 37:14).

도단(Dothan)에서 아버지가 보낸 동생을 만난 요셉의 형들은 그간 쌓인 분노를 삭이지 못하고 아버지의 사랑받는 아들을 죽이려고 생각을 모았다. 그들은 아버지가 입힌 채색옷을 벗기고 아버지를 속이려 숫염소를 죽여 동생의 옷에 그 피를 묻혔다. 그리고 그 귀한 아버지의 아들은 은 스무 개로 흥정 되어 사막의 상인들에게 팔렸다. 요셉은 그렇게 형들에 의해 발가벗은 종이 되어 울면서 아버지의 땅을 떠났다.

하지만 이야기는 여기서 끝나지 않는다. 때로 세상이 하나님의 사람을 방해하고 해칠 수는 있지만, 그 행위 역시 하나님의 손안에서 벗어나지 못하는 일임을 사람들은 알지 못한다.

실로의 제사장 가문에 어둠이 찾아왔을 때, 장차 이스라엘을 밝힐 불을 위해 어린 사무엘을 준비하신 것처럼 하나님은 장차 이스라엘 자손을 구원하실 계획을 위해 꿈꾸는 자 요셉을 아버지의 집을 떠나게 하여 더 큰 세계로 끌어내셨다. 그것을 우매한 요셉의 형들이 알 리 없었고, 아버지 야곱도 요셉 자신도 깨닫지 못했다.

단지 요셉은 슬픔에 눌려 숨조차 쉬기 어려울 뿐이었다. 어머니를 잃은 슬픔이 전부였던 어린 시절을 지나 그는 이제 아버지를 잃어 하늘이 무너졌고 하나뿐인 동생 베냐민이 미치도록 그리웠다.

그들도 사람이었다

그것이 국경을 넘는 요셉의 슬픔이었다. 그렇게 그는 발가벗은 채 언어도 통하지 않는 나라의 국경을 넘었다.

.. 여호와께서 함께하는 사람 ..

가는 곳마다 요셉은 형통한 자가 된다. 여호와께서 항상 그와 함께했기 때문이다. 요셉의 트레이드 마크(Trade Mark)는 '하나님이 함께한 사람'이다. 창세기의 기자는 이 사실을 39장에서 거듭 강조한다.

종이 되어 끌려온 그를 산 보디발의 집에서 보낸 이집트에서의 첫날(1절)부터 그 후 11년 동안의 이야기는 "여호와께서 요셉과 함께하시므로(2절)", "그 주인이 여호와께서 그와 함께하심을 보며(3절)", "여호와께서 그의 범사에 형통케 하심을 보았더라(3절)", "여호와께서 요셉을 위하여(5절)", "여호와께서 요셉과 함께하시고(21절)", "이는 여호와께서 요셉과 함께하심이라(23절)"라고 이어지기를 거듭하다 "여호와께서 그의 범사에 형통케 하셨더라(23절)"라고 그 끝을 맺는다.

하나님께서 범사에 요셉과 함께하시므로 그는 형통한 자가 된다. 요셉 때문에 보디발의 집에 하나님의 복이 내린다. 과거 요셉의 아버지 야곱으로 인해 그의 외삼촌인 라반의 집이 복을 받았던 것처럼 그도 자신의 아버지처럼 복의 중심에 서 있다. 그의 증조부는 하나님으로부터 '복의 근원'이 될 것을 약속받았던 아브라함이다. 지금 그 아브라함의 증손자는 비록 종이 되어 이집트 땅에 거하지만, 그 축복의 줄기는 그에게서 끊어지지 않는다.

·· 시위대장이 산 것은 단지 한 명의 종이 아니었다 ··

보디발은 이웃나라에서 팔려 온, 이집트 말을 할 줄도 모르는 한 노예를 위해 은 스무 개 이상의 값을 지불했지만 그가 산 것은 단지 일을 잘할 것 같은 홍조 띤 젊은 종이 아니었다.

그날 이스마엘 상인을 만난 것은 보디발에겐 놀라운 행운이었다. 그날은 단지 보디발이 그의 집에 흔히 있는 종을 하나 사들인 날이 아니었다. 자신의 나라 그 어디에서도 찾아볼 수 없는 놀라운 하나님의 사람을 아주 적은 돈으로 사들인, 너무나도 행복한 날이었다.

물론 그 사실을 그가 알 리는 만무했지만, 파라오의 시위대장 보디발은 은 몇십 개로 이집트에서 최고로 축복받은 사람을 일꾼으로 집안에 두게 되었다.

이 땅에서 우리가 '하나님이 함께하는 사람'을 만나는 것은 너무나도 큰 축복이다. 하나님이 함께하는 사람은 하나님의 도구이며 그들은 축복의 통로가 된다. 그들이 있는 곳에 하나님이 계시며 하나님의 능력이 펼쳐지는 곳엔 그들이 있다.

그래서 거장을 꿈꾸는 젊은이는 그리스도 안에서 만난 사람들을 귀히 여기고 아껴야 한다. 그리고 우리의 믿음의 선배인 사도 바울의 충고는 우리의 머리를 끄덕이게 한다.

> "여러분은 불신자들과 연합하지 마십시오. 의와 악이 어떻게
> 하나가 되며 빛과 어두움이 어떻게 어울릴 수 있겠습니까(고린
> 도후서 6:14, 현대인의 성경)?"

그들도 사람이었다

그리스도를 믿지 않는 사람을 만나도 교제는 하되 하나가 되어 일을 하지는 말아야 한다. 동업을 하거나 결혼을 해서는 안 된다는 말이다. 크리스천의 삶이 너무 편협하고 속 좁은 것이 아니라 그것이 하나님의 말씀을 따르는 일이기 때문이다.

우리는 얼마든지 그들이 믿기를 기다렸다가 함께 일도 하고 결혼도 할 수 있다. 우리가 이익에 눈멀거나 정욕에 사로잡히면 하나님의 때를 기다리지 못한다. 그러므로 낭패 보는 일을 막기 위해 전지전능하신 하나님은 그분만의 지혜로 우리를 가르치신다.

당신에게 하나님의 사람들이 있는가? 그렇다면 그들 대하길 주를 대하듯 하라. 그리고 당신 역시 그들에게 고귀한 사람이 되어라. 하나님은 우리가 하나 되어 그분에게 쓰이기를 원하시고, 사탄은 우리를 분리하고 넘어뜨리기 위해 미혹하기를 쉬지 않는다.

·· 여호와께서 함께하는 사람 ··

하나님께서 항상 요셉과 함께하신 것은 요셉이 하나님을 존귀히 여기는 자였기 때문이다. 후대의 불행했던 제사장 엘리에게 말씀하신 것처럼 여호와는 "나를 존중히 여기는 자를 내가 존중히 여기고 나를 멸시하는 자를 내가 경멸히 여기리라(사무엘상 2:30)"라고 말씀하셨다.

요셉에게 있어 하나님은 그의 증조부 아브라함의 하나님이셨고 그의 조부였던 이삭의 하나님이셨으며 그가 가장 사랑했던 아버지 야곱의 하나님이셨다.

그는 난생처음 보는 사람들을 따라 국경을 넘었지만 그 하나님을 결코 놓치지 않았다. 어찌 믿음의 조상들의 후손인 그가 역경의 날에 하나님을 잊을 수 있었겠는가? 당신이 요셉처럼 하나님을 소중히 여긴다면 그분도 또한 당신을 요셉처럼 소중히 여기실 것이다.

> "너희가 여호와와 함께하면 여호와께서 너희와 함께하실지
> 라(역대하 15:2)."

·· 미스 이집트!
그녀도 하나님이 함께하는 요셉을 넘어뜨리지 못한다 ··

"요셉은 용모가 준수하고 잘생긴 미남이었다(창세기 39:6, 표준 새 번역)."

항상 업무에 바빴던 시위대장 보디발과는 달리 늘 한가했던 그의 아내는 날마다 요셉을 유혹했다. 요셉은 잘생기고 젊은 남자였기 때문에 아름다운 여성의 유혹을 받았다. 말하자면 그의 잘생긴 외모가 적의 공격 포인트였던 셈이다. 사람을 넘어뜨리는 유혹은 항상 그 사람의 자신만만한 부분을 뚫고 들어온다. 그래서 사탄이 하나님의 사람을 무너뜨릴 때 그런 전략을 가지고 쳐들어오는 것이다.

모든 사람은 약점이 있다. 그런데 그 약점은 그 사람의 강점과 깊이 관련된다. 그렇기에 사탄은 사람들을 비교적 쉽게 무너뜨린다.

가난한 사람은 그 가난 때문에 쉽게 돈 앞에 무너지기도 하고, 부자인 사람은 그 가진 돈 때문에 패망하기도 한다. 권력을 열망하는 사람은 그것을 얻기 위해 비열해지기도 하고, 권력이 있는 이들은

그들도 사람이었다

그 권력 때문에 더 사악해지기도 한다.

가난한 선지자 엘리사의 종 게하시는 빈궁함으로 물질의 유혹을 받아 자신을 망하게 했다. 부자였던 여리고의 세관장 삭개오는 돈이 많았지만 더 큰 돈의 유혹을 떨칠 수 없어 나쁜 일인 줄 알면서도 예수님을 만나기 전까지 정든 세관을 떠날 수 없었다.

하지만 하나님이 함께했던 사람 요셉은 보디발 아내의 끈질긴 유혹에도 불구하고 결코 흔들리지 않았다. 요셉은 아무도 모르는 타향에 끌려온 외롭고도 가난한 노예였다. 또한, 사랑이 필요한 혈기왕성한 젊은 남자였다.

하지만 그는 여호와께서 자신과 함께 계심을 잊지 않아 아름답고 힘 있고 돈 많은 여인의 유혹을 물리칠 수 있었다(창세기 39:9). 하나님은 언제나 불의를 향한 도도함과 자신을 향한 정결함으로 가득 찬 사람을 찾으시고, 그런 사람에게 쉽게 감동하신다.

·· 그날 그 집엔 사람이 없었다 ··

그날 보디발의 아내가 불러서 들어간 보디발의 집에는 그녀 외에는 아무도 없었다. 그날 그 집은 죄를 짓기에 좋은 환경이었다. 얼마 전 내가 길을 가다 본 홍보 현수막에 쓰인 영화 제목 〈바람피기 좋은 날〉처럼 말이다.

가장 비싸고 유혹적인 향수를 뿌리고, 가장 좋은 천으로 만들었지만 가장 추한 옷을 입고 선 그녀 앞에서 요셉이 본 것은 그녀의 몸도, 석류처럼 빨간 그녀의 입술도 아니었다. 다름 아닌 그가 늘 만나는 하나님의 형상이었다. 그녀가 그의 옷을 잡아 벗겼지만 그는 옷을 빼앗긴 채 그곳을 뛰쳐나왔다.

도둑만 도망가는 것이 아니다. 하나님의 사람들은 죄를 두고 도망가야 한다. 죄를 보고도 도망가지 않으면 그 죄는 쉽게 우리를 따라와서 우리와 하나가 되려 한다. 죄를 고쳐 선하게 만들거나 죄를 설득해서 유익한 것으로 만들겠다는 만용을 버려야 한다. 죄와 거룩은 그 재료가 다르다.

요셉은 옷을 버려둔 채 도망가면 자신이 죄인으로 몰릴 것을 알았지만, 자신의 결백을 입증하기 위해 여인의 뜰에 서 있지 않았다. 그에게 있어 중요한 것은 세상의 판단이 아니라 하나님의 불꽃 같은 눈이었다.

·· 감옥에서도 빛났던 하나님의 사람 ··

죄를 이긴 요셉을 기다리는 것은 상급이 아니었다. 막강한 힘으로 다가온 화려한 유혹을 보기 좋게 물리친 요셉에게 돌아온 대가는 그의 육체마저 가두어 버린 정치범들의 감옥이었다. 하지만 그 감옥이 장차 하나님의 사람에게 수여할, 상상 못할 큰 선물을 포장한 박스였음을 아는 사람은 아무도 없었다.

그는 감옥에서도 자유로운 영혼을 가진 하나님의 사람이었다. 그는 감옥에서 죄수처럼 살지 않고 마치 총리처럼 살았다. 아무도 그를 간섭하지 않았고 그가 도리어 모든 것을 처리했다. 더군다나 요셉을 감옥에 넣었던 요셉의 전 주인 보디발은 감옥에 있는 그를 인정했다.

왕의 두 신하가 왕께 죄를 범하여 감옥에 오게 된 일이 있었는데, 보디발은 요셉으로 하여금 그들을 시중들게 했다(창세기 40:4). 이 대목에서 보디발은 이미 지난날 아내와 요셉 사이에 있었던 일의 진실을 안 듯하다. 아마 그랬을 것이다. 한갓 팔려 온 히브리 노예에 불과한 요셉을 그 일로 죽이지 않고 자신의 집 안에 있는 정치범들의 감옥에 넣었던 일을 생각하면 그는 분명 요셉의 결백을 알고 있었다. 단지 그는 자신의 위치와 다른 사람들을 향한 가문의 명예 때문에 요셉을 석방하지 않았을 것이다.

죄가 없었던 요셉은 감옥에서도 죄수로 살지 않았다. 진실한 사람은 불의가 부르짖는 큰 소리에 결코 위축되지 않는다. 대신 고함지르는, 불의에 찬 사람들을 작은 소리로 간담 서늘하게 한다. 소리의 크기가 아닌 진실의 크기로 이 세상은 결국 승자를 가려낸다.

·· 그의 손에 맡긴 것은 무엇이든지 ··

요셉은 어떤 일을 하든지 하나님 앞에서 행했다. 그러므로 그에게 맡겨진 일은 하나님의 일이었다.

보디발이 맡긴 일이든 감옥의 간수장이 시킨 일이든 그는 하나님의 사람으로서 하나님께 하듯 그 일들을 수행했다. 그래서 보디발은 자신의 모든 소유를 요셉에게 맡겼고, 간수장은 옥중의 모든 죄수를 그에게 맡겼다. 요셉으로 인해 보디발의 집과 밭에 있는 모든 소유가 여호와의 복이 미쳤고(창세기 39:5) 간수장은 평안한 세월을 누릴 수 있었다.

　세상 사람들은 하나님을 보지 못한다. 하지만 그들은 하나님의 축복 속에 있는 사람을 알아보고 그들로 인해 하나님을 두려워하게 된다.

·· 꿈을 꾼 소년이 꿈을 해석하다 ··

　같은 감옥에 갇힌 왕의 두 신하는 전날 밤에 꾼 꿈을 놓고 고민한다. 그 꿈을 요셉은 명쾌히 해석한다. "(꿈의) 해석은 하나님께 있지 아니하니이까(창세기 40:8)."라는 요셉의 확신에 찬 말이 대변하듯 요셉은 자신의 능력이 아닌 하나님의 능력으로 그들의 꿈을 풀어 준다. 하나님이 함께했던 사람, 요셉의 해석대로 사흘이 지난 후 한 신하는 왕 앞으로 복귀하고, 다른 한 사람은 죽음에 처한다.

　왕에게 고하여 요셉의 억울함을 풀어 주겠다던 신하는 왕의 술 맡은 자로 복귀하고도 2년 동안이나 그 사실을 망각하고, 이집트에 온 지 11년이 된 청년 요셉은 계속해서 그 감옥의 죄수로 세월을 보낸다. 하지만 하나님이 함께하셨던 하나님의 사람 요셉은 하나님과 함께하므로 감옥에서도 즐거움을 잊지 않는다.

　왕의 신하가 출소한 지 만 2년이 지났을 때, 이집트의 파라오는 아무도 능히 해석할 수 없는 꿈을 꾸고 그로 인해 이집트의 정가는 술렁인다. 그제서야 지난 기억을 떠올린 왕의 술 맡은 신하는 요셉을 왕 앞으로 천거한다.

　"하나님이 바로에게 평안한 대답을 하시리이다(창세기 41:16)."라는

　　　　　　　　　　　　　　　　　　그들도 사람이었다

말로 시작한 요셉의 놀라운 꿈 해석은 단번에 왕의 마음을 사로잡는다.

·· 총리가 되다 ··

"이와 같이 하나님의 영에 감동된 사람을 우리가 어찌 찾을
수 있으리요(창세기 41:38)."

그들은 세상에 속한 사람들이었지만 하나님의 영에 감동된 사람
을 알아보았다.

"하나님이 이 모든 것을 네게 보이셨으니 너와 같이 명철하고
지혜 있는 자가 없도다(창세기 41:39)."

그들은 하나님을 알지 못했지만 요셉을 보며 하나님의 일을 목격
했다.

"너는 내 집을 다스리라 내 백성이 다 네 명령에 복종하리니
내가 너보다 높은 것은 내 왕좌뿐이니라(창세기 41:40)."

요셉은 자신을 높이지 않았다. 이집트의 최고 통치자 파라오가
그날 아침까지 죄수였던 요셉을 백성 가운데 가장 존귀한 자로 끌
어 올렸다.

> "내가 너를 애굽 온 땅의 총리가 되게 하노라 하고 자기의 인
> 장 반지를 빼어 요셉의 손에 끼우고 그에게 세마포 옷을 입히고
> 금 사슬을 목에 걸고 자기에게 있는 버금 수레(2인자의 수레)에
> 그를 태우매 무리가 그의 앞에서 소리 지르기를 '엎드리라' 하
> 더라(창세기 41:41-43)."

왕은 요셉을 높였고 백성은 그 앞에서 소리를 질렀다. 기적이 일
어났다. 그 누가 이 일을 예측이라도 했단 말인가.

> "나는 바로라 애굽 온 땅에서 네 허락이 없이는 수족을 놀릴
> 자가 없으리라(창세기41:44)."

파라오는 요셉을 확실히 높였다. 더 이상 높일 자리가 없도록. 자
신을 외면하는 형들의 뒷모습을 눈물로 돌아보며 말도 통하지 않는
나라의 노예가 되어 국경을 넘은 지 13년이 된 요셉은 그날 이집트
의 파라오가 내어 준 수레를 탔고, 백성들은 그 앞에 엎드렸다. 엄
마 없이 자란 슬픔의 아들 요셉은 그의 나이 서른이 되어 파라오가
손가락에서 빼어 준 인장 반지를 끼고 이집트를 다스리는 총리가
되었다.

나는 이 대목에서 북받쳐 오르는 눈물을 참을 수가 없었다. 요셉
의 승리는 이 땅 모든 하나님의 사람들의 승리였고 해피 엔딩
(happy ending)을 좋아하시는 조물주의 위대한 각본이었다.

·· 무엇이 요셉을 그렇게 만들었나 ··

요셉이 어떻게 젊은 날의 유혹을 이길 수 있었을까? 그는 어떻게 극심하고도 오랜 고난을 참아 낼 수 있었을까? 무엇이 그를 강대국 이집트의 총리가 되게 했을까? 그 놀라운 이유는 전능하신 하나님이 그와 함께 계셨기 때문이다.

그렇다면 야곱의 아들 요셉은 어떻게 하나님을 알았으며, 어떻게 여호와께서 함께하시는 하나님의 사람으로 자랐을까? 그리고 왜 여호와는 항상 요셉과 함께하셨을까?

·· 그에겐 아버지가 있었다 ··

요셉은 사무엘처럼 그의 곁에서 끊임없이 가르치고 격려하는 어머니가 없었다. 하지만 그에겐 홉니와 비느하스에게는 없었던 애정과 열정의 소유자인 하나님의 사람, 아버지 야곱이 있었다. 그는 이 모든 것을 아버지 야곱에게서 배웠다.

그 아버지 야곱이 누구인가? 야곱은 사랑받는 자였다. 그리고 그는 열정의 사람이었다. 야곱은 특히 어머니 리브가의 사랑을 독차지한 막내아들이었다. 그는 어머니의 치마폭 속에서 재롱을 떨며 어머니의 사랑을 받아먹고 자랐던 사랑스러운 어머니의 유약한 아들이었다.

그는 벌판을 가로질러 다니고 거친 숨을 몰아쉬며 피 흘리는 짐승들의 뒤를 쫓아 다니는 털 많고 힘 센 형, 들사람 에서와는 달랐다.

하지만 야곱은 자신이 간절히 원하는 일이 있다면 그가 가진 모든 것을 다 태워서라도 그것을 얻고야 마는 그런 열정의 사나이였다. 그는 장자의 명분을 얻기 위해 붉은 죽 한 그릇으로도 장자권을 흥정하는 사람이었다. 사랑하는 여인을 얻기 위해서 자신의 7년을 마치 일주일인 것처럼 투자할 수 있는 사랑과 열정을 가진 남자였다.

마침내 열정과 격동의 젊은 시절을 끝내고 거부가 되어 아버지의 땅으로 돌아온 야곱에겐 상실의 아픔을 함께 겪었던 아들 요셉이 있었다. 야곱은 가장 사랑하는 아내를 잃은 남편이었고, 그의 아들 요셉은 어린 나이에 어머니를 잃은 눈물의 아들이었다.

그런데 어느 날 그 아들이 꿈꾸는 소년으로 아버지 앞에 나타났다. 그것은 말도 안 되는, 기가 찬 꿈이었다. 야곱 역시 요셉의 형들과 함께 꿈꾼 그를 꾸짖었지만 그 아버지는 아들의 꿈을 가슴속에 새겨 놓았다.

·· 야곱, 그가 누구인가 ··

그가 바로 꿈을 꾼 사람이 아니었던가. 장자의 꿈을 안고 붉은 죽 한 그릇으로 그 명분을 샀다. 비록 그 가치에 비해 보잘것없는 대가를 지불한 불공정 거래였지만, 그는 항상 그 권리가 자신에게 있다고 믿었고 그 사실을 어머니 리브가에게 설득시켰을 것이다.

그래서 장자를 마지막으로 축복하고자 아버지 이삭이 에서를 불렀을 때, 어머니 리브가는 자신의 마음속에 있는 진정한 장자인 막

그들도 사람이었다

내 아들 야곱을 아버지의 축복의 손 아래로 밀어 넣었다. 그 결과 꿈쟁이(visionary) 야곱은 형을 피해 어머니를 떠나 외삼촌 라반의 집을 향해 도망가게 되었다.

그날 밤 야곱은 광야에서 돌베개를 베고 잠을 자다 꿈을 꾸었다. 땅으로부터 하늘에 닿은 사다리에서 하나님의 사자가 오르락내리락하고 그 위에 서신 여호와는 도망자 야곱을 축복하셨다. 할아버지 아브라함의 하나님과 아버지 이삭의 하나님께서 이제 야곱의 하나님이 되셔서 그의 할아버지에게 하신 축복의 약속을 그에게 그대로 부어 주셨다.

그가 누워 있는 그 땅을 그와 자손에게 주며 그의 자손이 티끌처럼 많아져 온 땅에 충만하며 그들로 인하여 땅의 모든 족속이 복을 받을 것이라 하나님은 말씀하셨다. 그리고 그 모든 것을 다 이룰 때까지 그를 떠나지 않겠다고 약속하셨다.

그 모든 축복을 받은 야곱이 거부가 되어 아버지의 땅 가나안에 정착한 그때, 늙은이가 된 야곱 앞에 홍안의 아들 요셉이 꿈꾸는 자가 되어 반짝이는 눈으로 아버지의 품에 안겼다.

야곱은 말할 것도 없이 가장 사랑했던 아내인 라헬의 아들 요셉을 끔찍이 사랑했다(라헬이 낳았던 또 하나의 아들인 베냐민은 출생한 날부터 유모의 손에 길러졌을 것이다). 그래서 그는 노년에 얻은, 깊이 사랑하는 아들을 위해서 특별한 옷을 지어 입혔다. 그리고 야곱은 그 어떤 아들보다도 요셉과 많은 시간을 보냈을 것이다. 요셉 역시 양치기였지만 형들이 벌판에 나가 양을 치는 때에도 종종 아버지와 함께 있었다(창세기 37:13).

야곱은 누구나 그렇듯이 일찍이 어머니를 잃은 가엾은 아들 요셉과 함께하는 그들만의 시간에 자신의 특별한 가문의 내력을 사랑하는 아들이며 꿈꾸는 아들에게 낱낱이 말했을 것이다.

야곱은 일흔다섯의 나이에 하나님의 부르심을 받아 믿음의 사람으로 살았던 자신의 할아버지 아브라함의 이야기를 시작으로 그 할아버지가 백 세에 자신의 아버지를 낳았던 일을 말했을 것이다. 또한, 그 귀한 아들을 하나님의 명을 따라 모리아산에서 바치려 했던 할아버지의 믿음과 순종에 대해 자신의 아들에게 열정적으로 가르쳤을 것이다. 할아버지 아브라함에게 축복의 유산을 받았던 자신의 아버지 이삭이 농사지어 백 배의 소출을 얻었던 그해 가을(창세기 26:12)에 대해 이야기하며 야곱은 어린 아들 요셉에게 그들 가문 속에 흐르는 축복을 알려 주었을 것이다.

형의 발꿈치를 붙들고 어머니의 몸을 빠져나왔던 자신의 출생 스토리부터 자신이 얼마나 아버지의 장자가 되고 싶어 했던가 하는 이야기, 그래서 마침내 허기져 사냥에서 돌아온 형에게 붉은 죽 한 그릇으로 장자권을 샀고 그것 때문에 늙은 아버지를 속여 형 대신 장자의 축복을 받았던 이야기, 자신을 죽이려 하는 형을 피해 처음으로 어머니와 헤어져 먼 길을 떠나야 했던 슬픈 이야기까지. 그때 눈물로 돌아본 어머니의 모습이 자신이 본 어머니의 마지막 모습이었다는 이야기를 할 땐 이미 노인이 다 된 야곱이지만 늙은 투박한 손으로 흐르는 눈물을 훔쳤을 테고, 그것을 본 요셉은 동생을 출산하다 죽어 간 어머니 생각에 아버지의 품속에 안겨 어깨를 들썩이며 울었을 것이다.

하지만 하란의 외삼촌 댁을 향해 도망가던 자신이 광야에서 노숙하다 꿈을 꾸고는 베개로 삼았던 돌에 기름을 부으며 하나님께 서원한 뒤, 그곳의 이름을 '벧엘'이라 했던 이야기를 할 땐 그날 밤 하나님이 그에게 약속하셨던 축복을 하나도 빼놓지 않고 거듭 설명했을 것이다.

그리고 무엇보다도 야곱이 어디를 가든지 여호와께서 그를 지키시며 그 모든 축복을 부어 주실 때까지 야곱을 떠나지 않으실 것이라고 약속하셨던 하나님을 아들에게 가르쳤을 것이다. 그리고 야곱의 후손을 통하여 모든 백성이 복을 받을 것이라는 여호와의 말씀을 전했을 것임에 틀림이 없다.

하란의 외삼촌 댁에서 만난 자신의 첫 사랑이자 요셉을 낳은 아내 라헬을 얻기 위해 보낸 7년의 세월을 마치 일주일을 보내 듯이 살았던 꿈 같았던 세월들에 대해서도 얘기했을 것이다. 하지만 외삼촌에게 속아 사랑하는 여인을 위해 보낸 도합 14년을 라반을 위해 봉사했던 이야기와 외삼촌과 함께했던 20년 동안 그가 10번이나 품삯을 변경했던 이야기도 했을 것이다.

그리고 요셉을 낳은 후 하나님의 축복으로 거부가 되어 아들들, 아내들, 많은 소유를 이끌고 조상의 땅으로 돌아오다 만난 하나님이 자신의 이름을 '야곱'에서 '이스라엘'로 바꿔 주신 이야기며 자신을 통해 많은 국민이 나며 자신의 허리에서 왕들이 날 것임을 말씀하신 하나님의 약속에 대해서 흥분을 감추지 못하고 가르쳤을 것이 분명하다.

야곱은 자신의 삶을 통해 무엇이 축복이었으며 무엇이 그에게 고통을 안겨 주었는지 아들에게 입힌 채색옷만큼이나 소중하고 정성스럽게 가르쳤다. 그래서 그 아버지의 아들 요셉은 꿈꾸는 자가 되었고 야곱도 아들이 꾸는 꿈을 마음에 새겨 두었다. 요셉은 열일곱이 될 때까지 증조부 아브라함의 하나님, 조부 이삭의 하나님 그리고 야곱의 하나님을 부친으로부터 배웠다.

야곱은 자신의 할아버지 아브라함으로부터 온 축복이 아버지 이삭을 통해 자신의 형님인 에서가 아닌 자신에게 이어진 것처럼, 자신을 통해 흐르는 축복의 물줄기가 다른 아들이 아닌 요셉에게 이어지길 바랐다. 그래서 그는 매일 아들을 만나 조상 적부터 섬겨온 하나님을 열심히 가르쳤고 아들 요셉은 평생을 섬길 여호와 하나님을 아버지로부터 배웠다.

야곱의 사랑을 받던 요셉은 아버지의 가르침으로 인해 증조부 아브라함의 하나님, 조부인 이삭의 하나님 그리고 그가 가장 사랑하는 아버지 야곱의 하나님이 항상 자신과 함께하실 것을 믿었다. 그리고 그 믿음은 평생 요셉을 이끄는 힘이 되었다.

·· 어느 아버진들 인생이 아니었으랴 ··

어느 아버진들 자식을 사랑하지 않으며, 어느 아버지의 인생인들 자식에게 배움터가 되지 않겠는가. 아들에게 아버지의 어깨보다 넓은 세상이 어디 있으며, 어느 세상에서 딸들이 아버지와 같은 뜨거운 품을 찾을 수 있겠는가.

아버지는 하나님이 허락한 첫 번째 축복의 땅이다. 하나님의 축복인 아버지를 받아들이지 못하는 자식들은 가장 크고 놀라운 스 승이자 축복을 발로 차는 불행한 사람이 된다.

·· 스승의 무릎을 베고 꿈을 키우고, 스승의 어깨를 딛고
세상을 향해 뛰어라 ··

나는 나의 아버지를 받아들이지 못했다. 나는 아버지를 좋아하 는 아들이 아니었다. 젊은 시절의 내 아버지는 자신을 위해 살았고, 내가 태어난 해에 하나님을 믿게 된 아버지는 그 후 하나님께 헌신 하여 그분을 위해 살았다. 그 후 노인이 된 나의 아버지는 어느 강 가에 있는 자그마한 집에서 생을 마쳤다.

나의 아버지는 한 번도 따뜻한 품으로 나를 안아 준 적이 없었 고, 자신의 교회에서 회중들에게 한 설교 외에 나에게 따뜻한 말 한마디 해 준 적이 없었다. 난 그런 아버지를 좋아하지 않았다.

난 그가 내게 처음 선물한 이름이 마음에 들지 않았고 그가 하나 님께 헌신한 후로 찾아온 청소년 시절의 가난도 싫었다. 그리고 나 의 성공(언제가 될지 모르지만)도 지켜보지 않고 먼저 홀쩍 세상을 떠 난 그가 싫어 장례식에서도 울지 않았다.

그 후 7년이 지난 어느 여름, 나는 친구의 결혼식에 참석하기 위 해 갔던 싱가포르에서의 어느 새벽 기도 시간에 아버지를 생각하며 울었다. 그를 사랑하지 못한 나 자신의 잘못을 하나님께 고백하며 울었다. 그리고 내 아버지에게도 용서를 빌었다.

·· 내 마음속에 다시 살아난 아버지 ··

그는 내게 하나님을 알게 한 아버지였고 용기 있는 헌신으로 내게 하나님을 따르는 법을 가르쳐 준 스승이었다.

그 후 난 한국으로 돌아와 아버지의 무덤을 찾아갔다. 그 무덤 앞에 서서 내 가슴속에 여전히 살아 계신 아버지를 사랑하겠다고 약속했다. 나는 비로소 행복한 아버지의 아들이 될 수 있었고 행복한 아이들의 아버지가 될 수 있었다. 그 후 나에게 있어 내 아버지는 야곱이었고 나는 그에게 요셉이었다.

종이 되어 국경을 넘어간 요셉에게 아버지 야곱이 나타나 조언한 적은 한 번도 없었지만 요셉의 가슴속에 찬연히 남아 그의 길을 지도한 것처럼, 내 아버지 역시 살아나 나를 만날 수 없지만 그가 살아가며 그 순수한 하나님께 바친 헌신이 나의 헌신의 질을 돌아보게 한다.

요셉이 이집트로 팔려 가 종이 되고, 죄수가 되고, 총리가 되기까지 22년의 오랜 세월이 지난 후에야 만났던 아버지와 아들처럼 나도 그만한 세월이면 천국에서 내 아버지를 만날 수 있으리라.

·· 용서로써 요셉은 삶의 피날레를 장식했다 ··

요셉의 삶에서 가장 돋보이는 것은 무엇보다도 그가 살았던 용서의 삶이다. 그는 어린 시절부터 상처 입은 인생을 살았지만 그것이 자신의 삶을 해치게 내버려 두지 않았다.

요셉만큼 고난과 고생으로 점철된, 상처 입은 인생을 살았던 사람이 있을까? 그가 어린 시절 처음 한 경험이자 상처는 어머니의 죽음이다. 자신의 유일한 동생인 베냐민을 낳다 돌아가신 어머니에 대한 기억은 그의 유년 시절을 어둡게 했다.

열 명의 형들은 모두 어머니가 있는데 유독 그와 그의 어린 동생에게만 어머니가 없었다. 아무도 기억하지 못하는 수많은 시간 속에서 그는 동생 베냐민의 손을 잡고 얼마나 많은 눈물을 흘렸을까?

아버지의 심부름으로 형들을 찾아갔던 벌판에서 하루아침에 노예가 되어 아버지가 입혀 준 채색옷을 강제로 벗은 채 맨몸으로 할아버지와 아버지의 땅을 떠났던 십대 소년의 두 번째 상처는 기네스북에 기록될 만한 최고의 고통이었다. 열 명의 형들은 어린 시절 어머니를 잃은 불쌍한 아이 요셉에게서 아버지를 불법적으로 빼앗아 버린 용서받지 못할 죄를 범했다.

보디발의 아내로부터 당한 치욕과 그로 인한 감옥 생활은 그의 청년기의 삶을 온통 절망의 끝없는 나락으로 던진 사건이었다. 이토록 이 갈리는 고통을 그는 어떻게 받아들이고 복수했어야 했을까?

자신의 꿈풀이를 통해 다시 파라오 앞으로 나아간 왕의 신하의 지키지 못한 약속은 어쩌면 그에게 서글픈 웃음만을 자아내게 했을지 모른다. 그 사건은 더 이상 기대할 것 없는 세상을 살아가는 한 젊은이를 냉소적인 인간으로 만들기에 충분한, 사회가 주는 상처였다.

하지만 우리의 요셉은 이 모든 독자의 우려를 말끔히 씻어 주기에 충분한 거장이었다. 그는 큰 대양이 흘러드는 세상의 강물을 말없이 받아들이듯 자신에게 닥쳐드는 그 많은 질고의 상처를 아무것도 아닌 듯이 받아 삼켰다. 마치 세차게 내리치는 빗줄기로 패인 대지가 태양의 은총으로 더욱 굳어지듯이, 하나님이 그를 죽이지 않는 한 요셉은 세상의 그 무엇에도 흔들리지 않는 그 시대의 유일한 거장이었다.

요셉이 파라오의 궁전에서 총리가 되던 날, 가장 치를 떨며 두려워했던 사람은 과연 누구였을까? 그들은 다름 아닌 보디발과 그의 아내였을 것이다. 특히 왕의 궁전과 가장 가까이 있던 보디발의 아내는 요셉이 총리가 된 후로 어떻게 삶을 유지할 수 있었을까? 하루하루가, 스쳐 지나는 시간이 얼마나 불안하고 지겨웠을까? 불안을 견디다 못해 전날 자신의 노예였던 요셉의 발아래로 찾아와 두 손이 닳도록 빌었을까? 아니면 용기가 나지 않아 그만 자살로 자신의 삶을 마감했을까?

·· 용서의 신비 ··

용서받은 사람은 행복하다. 하지만 용서로 인한 진정한 축복은 용서를 베푼 사람에게로 향한다. 용서받지 못한 사람은 항상 불안하다. 하지만 용서하지 못한 사람은 불행하다.

예수님이 가르쳐 주신 기도 속에는 '용서하다(forgive).'라는 동사가 두 번 나온다. 그 첫 번째 용서는 우리가 하는 용서이고, 그다음은 하나님의 용서이다. 우리가 용서하지 아니하면 우리도 용서받을 수 없다.

그들도 사람이었다

몇 해 전에 몽골의 수도 울란바토르에서 있었던 몽골 대학생 수련회에 말씀을 전하러 간 적이 있다. 그때 심각한 질병에 묶여 있던 한 형제가 있었는데, 그는 자기를 상습적으로 구타하는 아버지와 어린 자신을 두고 집을 나간 어머니를 오랜 세월 증오하던 청년이었다. 그런데 그 집회를 통해 자신이 하나님의 용서를 체험하고 또한 어머니를 용서한다고 고백했다. 그런데 다음 날 그는 자신의 병에서 고침을 받았다고 회중들 앞에 나와서 간증했다. 그 이듬해 나는 몽골 YWAM의 DTS 강의를 위해 다시 그곳에 갔는데 그때 그 형제는 더 건강한 모습으로 와 있었다.

요셉은 용서에 있어서도 총리감이었다.

·· 므낫세 그리고 에브라임 ··

요셉의 꿈풀이대로 이집트는 7년 동안 엄청난 풍년이 들어 추수한 곡식이 너무 많아 그 수를 세기가 불가능했고 믿음의 사람 요셉은 온 제사장의 딸이며 그의 아내 아스낫을 통해 두 아들을 낳았다.

발가벗은 종으로 국경을 넘었던 요셉과 함께하셨던 여호와께서는 보디발의 집에도, 왕의 감옥에도 함께하셨고 그가 총리로 치리하는 이집트의 온 벌판에도 함께하셨다. 그리고 그를 가장으로 세웠던 가정에도 함께하셨다.

장자의 이름을 '므낫세(잊음)'라 하여 그는 자신이 당한 그간의 고난과 아버지의 집에서 있었던 일을 하나님이 잊게 하셨다고 고백했다. 그리고 두 번째 아들을 낳아 '하나님이 나로 하여금 나의 수고한 땅에서 창성하게 하셨다.'라는 뜻으로 '에브라임'이라 했다. 그의 두 아들 이름이 그의 역사와 감사를 반영한다. 그는 싸웠고, 이겼고, 용서했다.

·· 요셉의 삶엔 항상 주어가 '하나님'이었다 ··

요셉이 그의 삶에서 선택한 주어는 항상 '하나님'이었다. 그 많은 상처 가운데서도 그는 원수 갚는 길을 택하지 않았는데, 그것 역시 하나님이 그 사실들을 잊게 하셨다고 고백한다. 13년의 세월 중 종으로, 죄수로 흘려보낸 시간 가운데서 찾아온 축복을 바라보면서 요셉은 "수고는 내가 했지만 창성케 하신 분은 하나님이셨다."라고 잘라 말한다. 그의 삶에서 '하나님'은 항상 주어였고, 그의 이름 '요셉'은 늘 보어(補語)였다.

·· 요셉은 딱 한 번 울었다 ··

우리 앞에 서 있는 하나님의 사람 거장 요셉은 이집트까지 식량을 사러 온 형 중의 한 사람인 유다가 전해 준 아버지의 소식을 듣고 방성대곡한다. 그것은 파라오의 궁중에까지 들린 요셉의 깊은 가슴에서 터져 나온 통곡이었다.

형들 앞에 서 있는 이집트의 총리가 그들의 아우 요셉이란 사실을 듣고 감히 놀라지도 못했던 형들에게 "근심하지 마소서. 한탄하지 마소서. 하나님이 생명을 구원하시려고 나를 당신들 앞서 보내셨나이다……. 그런즉 나를 이리로 보낸 자는 당신들이 아니요 하나님이시라."라고 강대국 이집트의 총리 공관을 울렸던 메아리는 형들의 가슴보다 이 세상 모든 사람의 가슴을 울리는, 지구상에서 최고의 감동을 주는 대사가 되었다.

·· 그는 이집트를 살리고 세상을 살렸다 ··

7년의 흉년을 견딜 나라가 있을까. 7년 풍년을 경험한 나라 이집트도 그 후에 몰아친 7년 흉년이 너무 심하므로 이전 풍년을 기억하지 못할 지경이었다(창세기 41:31).

하나님의 사람 요셉의 지혜가 아니었더라면 그 큰 나라 이집트가 어떻게 그 7년 환난을 뚫고 살아남아 역사 속에 존재할 수 있었을까? 그와 함께하신 하나님의 지혜가 아니었더라면 수많은 사람의 시체가 어찌 산을 이루지 않았으랴. 그는 이집트를 살리고, 세상을 살리고, 가족을 살렸다.

그리하여 이스라엘의 자손들을 파라오의 귀한 손님으로 이집트 땅으로 이주시킨 것으로 요셉의 역할은 끝이 났다. 아름다운 드라마의 주인공으로 캐스팅되어 위대한 감독 아래 지도받아 그 큰 무대에서 거장의 면모를 유감없이 발휘한 요셉은 이 땅을 살다 간 위대한 하나님의 사람으로 영원히 기록된다. 요셉을 캐스팅한 하나님 감독의 드라마는 이렇게 막을 내린다. 하지만 그 여운은 아직도 가시지 않고 우리에게 용기를 준다.

·· 이제 당신이 이 땅의 요셉이다 ··

이제 이 땅엔 이집트와 같은 나라들이 하나님의 영으로 충만한 젊은이들을 기다리고 있다. 일본이 그렇고 중국이 그러하며 인도가 또한 그렇다. 중앙아시아가 하나님의 지혜로 가득한 청년들을 기다리고 있고 러시아가 또한 그러하며 나의 젊은 날의 사역지였던 시베리아도 그렇다. 저 멀리 무슬림으로 가득한 중동 땅에도 요셉 같은 사람이 필요하며, 요셉의 본 땅 이스라엘도 그와 같은 사람을 갈구하고 있다. 세상은 넓고 요셉은 적다.

야곱의 열한 번째 아들 요셉은 이렇게 우리의 곁을 떠나 그 조상의 하나님께로 갔다. 그는 우리에게 꿈, 고난, 순결, 역경, 거룩, 성공, 용서 등의 단어들을 모자이크 조각처럼 던져 놓고 사랑했던 이 땅을 두고 떠났다. 그가 겪은 것보다 못한 환경 가운데서도 그와 같은 꿈을 꾸는 사람을 기대하며, 그보다 더한 고난을 당하되 그보다 더 순결한 사람을 기다리며, 그와 버금가는 역경을 겪되 그보다 더 거룩한 사람이 나타나기를 애타게 기다린다. 그보다 더 큰 성공을 하되 그보다 더 놀라운 용서를 베푸는 사람이 다시 이 땅에 생겨나기를, 위대한 거장이자 첫 번째 요셉이었던 그는 빌고 또 빌 것이다.

이제 당신이 바로 이 땅의 요셉이다!

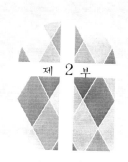

제 2 부

반전에 반전을 거듭해 마침내 전설이 된 영웅,

모세

갈대 상자의 아이에서
이집트 왕자가 된 모세

이집트의 나일 강물이 끊임없이 역사를 실어 흘려보내고 요셉을 알지 못하는 사이 왕이 일어나 그 땅을 다스릴 때 하나님의 축복받은 이스라엘의 자손은 생육이 중다하고 번식하고 창성하고 심히 강대하여 온 땅에 가득하게 되었다(출애굽기 1:7).

하나님의 백성이 번성하는 것을 두려워했던 세상의 왕이 그들을 학대하기로 작정했으나, 그럴수록 이스라엘 자손들은 더욱 번성하고 창성했다. 그들을 두려워하여 마침내 히브리 산파들을 위협해 태어나는 사내아이들을 죽이게 했다.

하지만 파라오의 말보다 하나님을 두려워한 산파들의 거룩한 행동으로 이스라엘 백성들은 생육이 번성했고 심히 강대해졌다. 그로 인해 산파들은 하나님의 축복을 받는다. 이에 당황한 이집트의 파라오는 모든 이스라엘 백성들에게 그 후로 태어나는 아이들 가운데 여자아이는 살리고 남자아이는 나일강에 던지라고 명령했다.

·· 험악한 시대에 태어난 너무나도 준수한 아이 ··

요셉이 아이를 갖지 못하던 어머니를 통해 태어난 반면, 모세는

그들도 사람이었다

아이를 잘 생산하는 어머니를 통해 세상에 태어났다. 위로 형과 누나가 있는 가정의 셋째 아이로 이 세상에서 출발했다. 하지만 그는 태어나서는 안 될 시대에 태어난 사내아이였다.

어머니들이 태어난 아이가 여자아이이면 하늘을 향해 감사의 절을 올리고 남자아이이면 누웠던 방바닥을 치며 통곡했던 그 시절, 요게벳은 울음이 우렁찬 잘생긴 사내아이를 낳아 그 아이를 안고 고통과 절망의 눈물을 삼켜야 했다.

·· 용감하고 무모했던 믿음의 어머니 ··

자신이 배 아파서 낳은 아이가 예쁘지 않은 어머니가 있을까? 모세의 어머니 요게벳은 아이를 낳자 그의 준수함을 보았다고 성경은 기록한다(출애굽기 2:2).

자신이 낳아 첫젖을 물린 아이를 자신만 살겠다고 강물로 던지는 어머니들이 살던 이집트 땅에서 모세를 낳은 요게벳은 그 아이가 너무 예뻐서 몰래 숨긴 것이 아니다. 그 아이에게서 시대의 사명을 보았기에, 그에게서 특별한 아름다움을 보았기에 그리했다. 여기서 나는 모세의 부모인 레위지파 부부에게서 그 시대 보통의 부모들과는 다른 사명을 가슴에 안은, 거장들에게만 있는 기름 부으심의 향내를 맡는다.

겁 없는 여인 요게벳은 하나님이 주신 아들을 몰래 숨겨 키운다. 이로써 그녀는 역사 속에서 숨 쉰 수많은 거장의 어머니들처럼 자신의 평안보다 하나님의 영광을 위해 자신의 몸을 던진 어머니로 기록된다. 용기를 우리가 '용기'라 부르는 것은 그것이 위험을 딛고 일어선 행동이기 때문이다.

'고난'의 때에 필요한 것은 '거룩'이고, '위험'한 시절에 절실한 것은 '용기'이다. 거룩함은 고난의 때를 단축하고 용기 있는 행동은 위험을 잠재우는 바람이 된다.

·· 죽음의 강, 나일강 ··

당시에 태어난 사내아이들은 어머니의 가슴팍에서 눈물 세례를 받으며 나일강으로 던져졌다. 그 가벼운 육체가 가라앉고 뜨기를 몇 번을 거듭하면서 그들은 결국 죽음의 강을 넘어 이 땅을 떠났다.

그들은 예수님 시대, 헤롯의 칼에 죽어간 두 살 아래의 사내아이들처럼 그렇게 죽어갔다. 이름조차 없는 순교자가 되어 밀알처럼 썩었다. 나일강은 죽음을 삼키는 어두운 강이었다.

·· 사탄은 아는가, 영웅의 탄생을 ··

역사는 되풀이된다. 이스라엘 백성들이 겪은 오랜 세월의 탄식과 고통을 아셨던 하나님은 그들을 구원하시려 그의 종 모세를 보냈다. 이를 알아차린 사탄은 그를 죽이려 이집트의 파라오를 충동질해 태어나는 사내아이들을 모두 죽이도록 명령했다.

그 후 죄로 인해 죽음을 향해 치닫는 인류를 구원하시려 하나님은 그의 아들 예수 그리스도를 보내시는데, 그 사실을 안 사탄은 헤

그들도 사람이었다

롯을 부하 삼아 그 당시의 두 살 아래의 사내아이들을 모두 죽이도록 했다. 하지만 하나님은 종 모세와 아들 예수 그리스도를 넘실대는 나일강의 이빨이나 헤롯의 칼날에 죽도록 내버려 두지 않으셨다.

·· 지금도 세상은 아이들을 나일강에 던지라 한다. ··

이 시대에도 여전히 나일강은 흐르고 그 강가의 궁전엔 파라오가 살아 있다. 지금도 자신의 자리를 철옹성처럼 보호하고 자기의 권력을 튼튼히 하기 위해 사탄은 하나님의 아이들을 나일강으로 던지라 한다.

21세기의 세상 역시 파라오 시대처럼 하나님 사람들의 영을 더럽히고 그들의 육을 죽인 피를 세속 사회의 밑거름으로 삼기 위해 그들에게 큰소리치기도 하고, 구슬리기도 하고, 때때로 위협하기도 한다.

세속 사회에서 이루어지는 인본주의 교육은 하나님 아이들의 영을 빼앗고, 하나님의 젊은이들에겐 생존이라는 이유를 들어 세상의 올무에 빠지게 한다. 그래서 십대엔 대학 입시라는 명분을 들어 하나님을 알아가는 일을 방해하며 이십대가 된 뒤에는 성공이라는 그럴싸한 타깃을 앞에 세워 그들이 하나님의 사람으로 살아가는 일에 큰 부담을 안게 한다.

그 결과, 이 땅의 젊은이들은 고귀하고 높은 이상을 한때의 꿈 정도로만 생각하고, 이론과 실제, 이상과 현실에는 너무나도 큰 차이가 있다는 것을 아는 것으로 지난날을 마무리한다. 그리고 생존(정확한 표현은 '먹고사는 일을 위해서라면'이다)을 위해서라면 그 어떤 일도 이해되고 용서받는다는 사실을 습득해 버린다.

그래서 그들의 삶에서 진리는 살아나지 못한다. 그저 술자리에서만 '어떻게 살아가야 하는가?'라는 말을 안주 삼는다. 그들에게 '진리', '진실', '비전', '하나님 나라' 등의 단어는 말 그대로 꿈속에서만 생각할 수 있는 슬픈 개념이다.

·· 갈대 상자를 가져다가 ··

자신의 아이를 나일강에 던지고 돌아온 어머니들도 자신들이 낳은 그 아이들이 하나님으로부터 왔다는 사실을 부인하지는 않았다.

어머니들은 잠시 일터에서 특별 휴가(파라오의 명령을 받들어 자신의 아이를 버리러 간다는데 허락하지 않을 감독이 있을까)를 내고 집으로 돌아와 울 힘도 없이 맥을 놓고 앉아 있었다. 그런 아내 대신 아이를 나일강에 던지고 돌아왔던 식민 시대의 히브리 남자들도 아이들의 생명을 만드신 분이 여호와이심을 모르지 않았다. 자신의 아이가 시대를 잘못 타고났다고 애써 핑계를 대던 그 당시의 부모들은 유아들을 나일강으로 던지는 것 외에는 다른 방법이 있다고 생각하지 못했다.

하지만 한 깨어 있는 어머니는 갈대 상자를 생각했다. 하나님이 주신 귀하고 소중한 아이를 그냥 그렇게는 버릴 수 없다고 생각했다. 그녀가 갈대 상자를 가져왔지만 그것은 당시 어디에나 널려 있던, 지금으로 따지면 휴지통만큼이나 흔한 것이었다. 그것은 금과

그들도 사람이었다

은으로 만든 귀중품도 아니고 부자들만 가질 수 있는, 개별 소비세가 붙는 상품도 아니었다. 그것은 단지 눈만 돌리면 구할 수 있는 흔한 박스(box)였다.

하지만 갈대 상자만으로 아이를 구할 수 있는 것은 아니다. 생명을 구하는 일은 번쩍이는 아이디어나 새로운 방법의 시도가 아니라, 그 생명을 지으신 자 앞에서 꿇는 무릎이며 그 조물주의 입술에서 나오는 말씀의 경청이며 순종이다.

·· 역청과 나뭇진을 칠하고 ··

모세의 어머니 요게벳은 갈대 상자의 약함을 알아 역청과 나뭇진을 발랐다. 역청과 나뭇진으로 무장하지 않은 갈대 상자는 아이를 실어 나를 수 없다. 누가 뭐래도 갈대 상자는 교회이고, 역청과 나뭇진은 무릎 꿇는 기도이며, 경청하며 순종하는 하나님의 말씀이라고 나는 생각한다.

많은 사람이 교회로 몰려들지만 쉬지 않는 기도와 순종하는 말씀이 아니면 그 교회는 세상 사람을 다 담지 못한다. 교회는 세상에서 하나님의 사람들을 구하며 양육하는 유일한 상자이다. 하지만 그곳에 선포되는 말씀과 순종, 세상과 사람들을 위한 기도가 이어지지 못하면 교회는 그냥 건물이 된다. 교회가 '만민의 기도하는 집'(원래의 뜻은 '만민을 위해 기도하는 집'이다)이 되지 못하면 강도의 소굴이 된다(마가복음 11:17).

갓 태어난 아이가 갈대 상자 없이는 강에서 구원받을 수 없듯이 자신을 담을 교회가 없으면 그 누구도 이 세상에서 구원받기가 어렵다. 교회에서 말씀으로 양육 받고 함께 두 손 모아 드리는 기도를 통해 하나님의 사람들은 세상 중심으로 나아가 이 땅을 고치는 사람이 된다.

·· 영적인 고아들을 위해 ··

모세의 어머니 요게벳은 어린 아들을 위해 갈대 상자를 준비하고 역청과 나뭇진을 발랐지만 오늘의 많은 어머니는 그 사실조차 모른다. 이 시대에도 훌륭한 어머니가 많지만 그럼에도 불구하고 그런 부모님을 가지지 못한 자녀가 많은 것도 사실이다. 그래서 나는 그들을 '영적인 고아'라고 부른다.

모든 부모는 자식을 사랑하지만 그렇다고 다 올바르게 양육하는 것은 아니다. 특히나 하나님을 모르는 부모들이 어떻게 자녀를 그분의 말씀으로 양육하며, 어떻게 존귀하신 분께 자녀를 위해 기도하겠는가.

·· 자신을 위해 갈대 상자를 엮고 역청과 나뭇진을 발라라 ··

부모는 하나님이 주신 첫 번째 선물이지만 부모의 도움 없이도 거장은 자랄 수 있다. 스스로를 위해 갈대 상자를 엮어야 한다. 교회는 전도를 받아서도 갈 수 있지만 스스로 찾아갈 수도 있다. 하나님의 집은 위대한 곳이지만 교회는 갈대로 엮은 상자처럼 연약할

그들도 사람이었다

수도 있다. 교회는 아름다운 곳이지만 완성된 곳은 아니다.

갈대 상자의 흠을 들추며 불평하는 사람은 지혜로운 사람이 아니다. 갈대 상자는 원래 그렇다. 하지만 지혜로운 사람은 끊임없이 그곳에 역청과 나뭇진을 바르는 사람이다. 갈대 상자가 오래되면 오래될수록 낡듯이 아무리 오랜 세월을 교회에 다녀도 쉼 없는 기도와 하나님의 말씀으로 무장하지 않으면 그 사람은 누르면 찌그러지는 갈대 상자만큼이나 연약하다.

교회 공동체에 속한 사람들에겐 기도와 말씀이 균형을 이룰 때 성장한다. 교회에서의 연륜은 무시할 수 없지만 그 연륜은 균형 있는 말씀과 기도가 함께할 때 빛을 발한다.

·· 말씀으로, 기도로 ··

'말씀'은 하나님의 입에서 나온 그분의 생명이다. 그 말씀은 단지 교훈이나 새겨야 할 좋은 말씀이 아니라 그것은 하나님 자신이다(요한복음 1:1). 인류는 하나님으로 인해 생겨났고, 하나님의 형상(image)을 받아 태어난 인간은 하나님의 말씀이 아니면 생존할 수 없다. 하나님의 말씀은 인류의 양식이다(마태복음 4:4).

그래서 시편에서 노래한 지혜로운 시인은 이렇게 말했다.

"청년이 무엇으로 그의 행실을 깨끗하게 하리이까 주의 말씀만 지킬 따름이니이다(시편 119:9)."

"내가 주께 범죄하지 아니하려 하여 주의 말씀을 내 마음에 두었나이다(시편 119:11)."

"내 영혼이 진토에 붙었사오니 주의 말씀대로 나를 살아나게
하소서(시편 119:25)."

"나의 영혼이 눌림으로 말미암아 녹사오니 주의 말씀대로 나
를 세우소서(시편 119:28)."

오랜 세월을 이집트의 노예가 되어 살아가던 이스라엘 백성들을
젖과 꿀이 흐르는 가나안으로 이끌어 내기 위해 부르심을 받은, 모
세의 후계자 여호수아에게 하신 전능자 여호와의 말씀은 바로 "이
율법책을 네 입에서 떠나지 말게 하며 주야로 그것을 묵상하여 그
안에 기록된 대로 다 지켜 행하라 그리하면 네 길이 평탄하게 될 것
이며 네가 형통하리라(여호수아 1:8)."라는 것이었다.

이삼백만 명이나 되는 그 많은 백성을 약속의 땅 가나안으로 이
끌었던 지도자의 성공 비결은 다름 아닌 하나님의 말씀을 읽고 외
우고, 그 외운 말씀을 아침저녁으로 읊조리며 그 말씀대로 살아가
는 것이었다.

나는 내 아이들이 구구셈보다도 먼저 신약 성경의 로마서 전체
16장 433절을 다 외운 것을 자랑스럽게 여긴다. 그리고 아이들이
영어를 익히기 전에 마가복음 전체 16장 678절을 영어로 다 외운
사실을 하나님께 감사드린다.

그리고 내가 교장으로 섬기는 마닐라에 있는 거장들의 학교(MIS:
Master's international school)의 학생들이 마가복음 전체를 영어로 다
외웠음에 감동하며 이 땅의 미래에 희망이 있음을 알게 된다.

그들도 사람이었다

그리고 또한 기도는 살아 계신 하나님과 연결된 생명의 통로이다. 하나님으로 인해 창조된 인간은 하나님이 아니지만, 하나님과의 기도를 통한 영적인 교제로 말미암아 이 땅에서 하나님과 같은 존재로 살아갈 수 있다. 수많은 사람이 하나님을 향한 기도로 인해 위대한 삶을 살았고, 그 위대하신 하나님은 그러한 기도의 사람들을 늘 아낌없이 사용하셨다.

·· 달리고 달리면 거장이 된다 ··

얼마 전 마라톤 경기에서 월계관을 쓴 한 마라토너는 매일 40km를 달렸다고 말했다. 세계 신기록을 수립한 한 수영 선수는 어릴 때부터 매일 수영풀에서 수 시간을 보냈다고 했다. 청년 시절을 노동자로 살았던 한 성공한 법조인은 매일 열 시간씩 10년을 넘게 도서관에서 보냈다고 했다.

매일 성경을 읽고 외우고 주야로 그것을 읊조리며 그 말씀을 순종하는 삶을 사는 젊은이의 길은 평탄하고 늘 형통할 것이다(여호수아 1:8). 무슨 일을 당하든 항상 기뻐하고 쉬지 말고 기도하며 범사에 감사함으로 주의 뜻을 지켜나가는 삶(데살로니가전서 5:17-18)을 살아갈 때 이 땅의 청년들이 거장이 된다.

그들은 앞에서 말한 마라토너나 수영 선수, 성공한 법조인처럼 이 땅에서만 영웅이 아닌 저 천국에서도 큰 자가 될 것이다.

하나님이 기뻐하시는 삶을 날마다, 열심히, 끊임없이, 탁월하게 살아갈 때, 그런 삶을 위해 당신의 시간을 대부분 소비할 때, 당신은 거장이 된다. 하나님 나라를 위한 이 시대의 놀라운 거장이 바로 당신이 된다. 끊임없이 달리면 그 길에 도착한다.

사도 바울은 그의 마지막 날에 힘주어 말했다.

> "나는 선한 싸움을 싸우고 나의 달려갈 길을 마치고 믿음을 지켰으니 이제 후로는 나를 위하여 의의 면류관이 예비되었으므로 주 곧 의로우신 재판장이 그날에 내게 주실 것이며 내게만 아니라 주의 나타나심을 사모하는 모든 자에게도니라(디모데후서 4:7-8)."

·· 하나님의 아이는 바로의 궁으로 향하고 ··

백일을 앞둔 사내아이를 담기에 갈대 상자는 그리 안전한 것은 아니었다. 그러나 눈물과 기도로 약속의 말씀을 붙들고 그 상자의 안팎을 역청과 나뭇진을 발랐던 그 어머니의 갈대 상자는 나일강의 물결이 삼키지 못하고, 악어 떼가 해치지 못했다. 상자는 유유히 흘러 바로의 궁으로 향했다.

위대한 어머니 요게벳은 연약한 갈대 상자에 그의 아들을 실었지만 그녀는 뜨거운 눈물의 기도로 아들을 하나님께 드렸다. 많은 어머니가 자신의 아들을 나일강에 던졌지만, 요게벳은 같은 강이라도 그 아들을 하나님께 맡겼다. 많은 어머니가 내던진 아이들은 죽음으로 향해 갔지만 갈대 상자의 아이는 생명을 향해 가고 있었다.

그를 발견한 것은 파라오의 공주였지만 그녀의 눈을 들어 하나님의 아이를 보게 하신 분은 여호와이셨다. 그녀의 아버지는 백성들에게 명하여 모든 사내아이를 나일강에 던지라 했지만, 그 강을 따라 떠내려오는 아이를 건져 올리게 하신 분은 이스라엘의 하나님 여호와셨다.

흐르고 흐르는 것이 역사지만, 그 역사의 주관자는 여호와 하나님이시다. 세상은 결국 하나님의 사람을 알아보지만 그들을 세상으로 나가게 하는 것은 그들의 믿음과 용기 있는 행동이다. 믿음 없는 용기는 만용이 되고, 용기 없는 믿음은 결국은 사그라든다. 믿음의 어머니가 한 용기 있는 행동은 그 연약한 아들을 세상의 중심에 서게 했다.

·· 삯을 받고 자신의 아이에게 젖을 먹이는 여인 ··

항상 모든 일이 그렇듯 하나님을 섬기기로 결정하고 그 길을 따르면 하나님은 그 길을 여시고 축복하신다. 요셉의 길을 통해서도 우린 그 사실을 확인했다. 물론 사람에 따라 하나님이 개입하시는 때와 기한, 방법은 다르지만 믿음의 사람들은 어떤 시대든 이 땅에 살면서 역사를 움직였다.

몇 시간 전만 해도 절망의 가슴으로 아들을 나일강에 띄웠던 갈대 상자의 어머니는 파라오의 공주로부터 대가를 받고 자식을 양육하는 기 막힌 반전을 경험한다.

세상의 주인은 하나님이시다. 그 주인이 어느 것을 사용하시든 그것은 그 주인님의 마음이다. 하나님은 자신의 사람들을 위해 세상의 어느 것이든 그의 합당하신 뜻대로 움직이시고 사용하신다.

요셉은 아버지 야곱으로부터 단 한 푼의 돈도 상속받지 못했지만, 그가 하나님의 사람이었기에 하나님은 그를 위해 이집트의 창고를 여셨고 그의 손으로 온 세상을 살리셨다.

고아들의 아버지로 살았던 조지 뮬러는 그 자신은 가난한 사람이었지만 하나님의 아이들을 돌보는 하나님의 사람으로 살았다. 그 덕분에 그는 평생 5만 번의 기도 응답을 받았다. 그 기도 응답을 통해 수많은 영혼이 살았고 생명을 찾았다.

·· 누구에게 속했는가 ··

그것이 우리의 정체성이 된다. 하나님은 남의 것을 쓰시는 분이 아니다. 빌려서 사용하는 분도 아니고, 미리 당겨쓰는 분도 아니다. 그분은 온 세상의 주인이시기 때문이다. 그분은 자신의 것만 사용하시고 자신에게 바쳐진 것만 받으신다.

세상에 속한 사람들은 헌신을 통해 하나님의 것이 된다. 자신이 그 주인인 사람은 세상에 속하게 되고, 하나님께 삶을 드린 사람은 하나님의 소유가 된다. 하나님은 그의 소유가 된 백성을 그의 뜻대로 사용하신다. 이 땅에는 하나님의 사람들이 필요하고 하나님은 그들을 기쁨으로 세상에 보내시어 그의 손으로 사용하신다.

여기서 잠시 사람이 쓴 이 책을 덮고 자신이 누구인지를 생각해 보라. 자신이 어디에 속한 사람인지를, 지금 하고 있는 일이 누구를 위한 것인지를, 누구를 위해 지금의 전공을 택했으며 그것을 얼마

　　　　　　　　　　　　　　　그들도 사람이었다

나 성실히 공부하는지를, 그 어떤 일보다도 자신의 주인을 위해 얼마나 예배하는 일에 최선을 다하는지를 생각해 보라.

당신이 만약 하나님의 사람이고 그 신분에 맞게 살아간다면, 당신을 실은 갈대 상자가 강으로 떠내려가더라도 두려워할 필요가 없다. 파라오의 칼이 당신의 마당에까지 왔다 해도 오히려 찬송하라. 그 칼날이 당신을 찌르지 못하는 것은 그 칼이 너무 무디고 당신은 철갑을 두르고 있기 때문이다.

헌신의 정도가 당신을 부끄럽게 한다면 그분 앞에 무릎 꿇어 자신을 그분께 드려라. 드리되 확실히 드리고, 당신의 주인을 성실함으로 섬겨라. 요셉이 보디발의 집 뜰에서도 콧노래를 부를 수 있었고 감옥에서도 휘파람을 불 수 있었던 이유를 깨달을 때까지 그분께 당신을 드리고 또 드려라.

·· 헌신, 그것은 소유권의 이전이다 ··

바친다는 것은 놀라운 일이고 아름다운 일이지만, 그것으로 모든 것이 완성되는 것은 아니다. 집을 사고 자동차를 사도 그 소유권이 이전되어 확정되기까지는 그 책임과 권리가 보류되는 것처럼, 우리가 하나님께 헌신을 약속하고 결심해도 그렇게 살지 않으면 그것은 빛바랜 헌신이 되고 만다. 헌신은 한순간의 감정적 결정이 아니라 포도주가 무르익듯 하나님의 기뻐하시는 뜻대로 고집스럽게 살아가는, 억척스러운 삶이다.

·· 공주가 붙여 준 이름 ··

자신을 낳았던 어머니의 품을 떠나서 나일강에 나온 파라오의 공주에게로 떠내려간 석 달 박이 히브리 아기는 다시 친모의 품으로 돌아가 젖을 받아먹는다. 그러다 다시 공주에게로 돌아와 로열패밀리가 된, '물에서 건져 올려졌던' 아이는 공주의 뜻대로 '모세'라 이름 지어진다. 그리고 그것은 평생의 이름이 된다.

불타는 시내산의 떨기나무 앞에서 그를 부르신 하나님도 아브라함이나 야곱의 경우와는 달리 공주가 붙여 준 그 이름을 바꾸지 않으셨다. 장차 하나님의 백성을 물에서 건져 올릴 사람으로 그를 부르신 것이다. 우리는 하나님이 그의 이름마저 공주에게만 맡기지 않고 직접 개입하신 것을 깨달을 수 있다.

모세는 파라오의 무남독녀였던 공주의 외아들로 이집트 사람의 학술을 다 배워 그 말과 행사에 능하기까지 40년 세월을 이집트 왕자로 살아간다.

·· 주를 위해 고민하는 이집트 왕자 ··

40년 동안 반짝이지 않는 의자엔 앉아 본 적도 없었고 기름이 없는 음식을 입에 넣어 보지 않았던 모세는 파라오 공주의 아들이 되는 것을 거절했다(히브리서 11:24). 향기가 나지 않는 여인을 만나 본 적도 없고 자신의 발에 먼지를 묻힐 틈도 없었던 이집트의 왕자 모세는 잠시 죄악의 낙을 누리는 것보다 하나님의 백성들과 함께 고

　　　　　　　　　　　　　　그들도 사람이었다

난받기를 더 좋아하는 사람으로 성장하였다(히브리서 11:25). 그는 진정 그리스도를 위하여 받는 능욕을 이집트의 모든 보화보다 더 큰 재물로 여겼던 하나님의 사람이었다(히브리서 11:26).

자신이 서 있는 시대를 고민하지 않는 사람은 하나님의 사람이 아니다. 시대의 비진리 앞에서 진리를 파수하기 위해 싸우지 않고 단지 자신의 행복한 삶을 위해 땀 흘리고 수고하는 사람은 하나님의 나라를 유업으로 상속받을 수 없다.

한 조국에 하나님의 나라가 임하고 그 조국의 교회에 기름 부으심을 받기 위해 자신의 진리와 기도가 기름이 되는 삶을 살기로 결심할 때, 그는 이 시대의 왕자가 되며 장차 이 땅의 왕이 된다.

·· 하지만 거장도 실수한다 ··

실패하는 사람은 거장이 될 수 없다. 하지만 거장도 실수한다. 그렇지만 실수의 원인을 깨닫지 못하면 거듭 실수를 반복하게 되고, 그렇게 실패와 가까워지게 된다. 거장의 길은 그만큼 멀어진다. 간혹 실수를 하되 그 원인을 알아 고치고 무릎 꿇어 일어선다면, 거장의 길도 먼 곳에 있는 것이 아니다.

마흔 살이 되기까지의 모세는 이집트의 왕자로 살며 이집트 사람의 학술을 다 배웠다. 그렇게 그 말과 행사가 능한 파라오가 되기 위한 준비를 마쳤지만, 하나님의 사람으로서 거장이 될 준비는 끝내지 못했다.

거장은 하나님을 만남으로써 그 문으로 들어간다. 마흔이 된 이집트의 왕자 모세는 자신이 히브리인이며, 노예가 된 민족을 구하기 위해 파라오의 공주의 아들이 된 것을 깨닫고 자기 민족을 구하는 일에 열정을 품었다. 그러나 아직은 하나님의 마음을 알지 못하는 사람이었다.

열정은 사람을 용감하게 하지만, 하나님의 사람은 열정으로만 세워지는 것이 아니다. 학문은 사람을 조화롭게 하지만, 하나님의 사람은 학문으로 완성되지 않는다. 하나님의 사람은 그분을 만남으로써 만들어지며 그분을 경험함으로써 알게 된다.

노역 현장에서 이집트 사람에게 학대당하는 자기 백성을 보고 이집트 사람을 칠 때 그가 살핀 것은 하나님의 마음이 아니라 주위에서 그를 보는 눈이었다. 그는 주위에 이집트 사람이 없는 것을 보고 사람을 죽였다. 거장은 눈으로 보는 사람이 아닌, 마음으로 보는 하나님을 두려워하는 영적인 사람이다. 요셉처럼 말이다.

실수란 무엇일까? 그것은 하나님 없이 하는 행동이다.

그들도 사람이었다

광야 학교에서 40년을 보낸 모세

·· 왕자의 옷에서 보석들이 떨어져 나갈 때 ··

어느 하루에 저지른 단 한 번의 실수로 그는 이집트의 왕자로 살아온 40년간의 세월을 부정해야만 했다. 고귀한 꿈도, 열정도 한낱 부질없는 휴지 조각이 되고 말았다.

그는 종이 된 자신의 백성을 구하게 하기 위해 하나님이 파라오 공주의 아들로 만들어 주신 것을 알았다. 그러나 사람을 힘으로 죽인 그의 실수는 그를 아무 할 일 없는 광야의 방랑자로 만들어 버렸다.

사람의 눈만을 의식하고 자신이 가진 힘으로 이집트 사람을 때려 눕힐 때, 그는 파라오의 궁궐로 다시 돌아오기 위해서는 40년의 세월을 광야에서 허비해야 한다는 것을 알지 못했다.

하지만 후회만 하고 미디안 광야의 먼지를 덮어쓰고 앉아 있을 수만은 없는 일이었다. 하지만 40년 동안 살아왔던 왕궁에서의 익숙했던 삶을 부인하고 광야의 방랑자로 살아간다는 것은 그에게 참으로 쉽지 않은 일이었다.

·· 광야에서 만난 여인 ··

모세는 광야에서 만난 미디안 처녀와 결혼했다. 하지만 그는 결코 행복하지 않았다. 그녀는 이제껏 그가 보아 온 왕실의 향기를 지닌 여인 중 하나도 아니었고 이웃 나라의 어여쁜 공주도 아니었다. 그는 아내와 함께 있는 침상에서도 궁궐의 여인들을 생각했을지도 모른다. 그는 아들을 낳았지만 그 일이 그를 기쁘게 하거나 그의 삶을 책임감 있고 활기 넘치게 하지는 못했다.

미디안의 제사장 이드로는 첫딸을 낳아 그 이름을 '십보라(Zipporah)'라 했다. 그것은 미디안 광야를 날아다니는 새의 이름이다. 이름처럼 아름답고 예쁜 소리로 노래하는 행복한 딸이 되기를 그녀의 아버지는 원했다. 하지만 과거에 붙들려 있는 문제의 사나이 모세는 그의 아내와 더불어 행복한 삶을 살아가지 못했다. 문제가 십보라에게 있는 것은 아니었다.

행복하지 않은 사람은 다른 사람을 행복하게 만들지 못한다. 틀어진 사람이 하나님을 만나서 회복되기까지는 그의 삶이 변할 수 없다. 모세는 행복하지 않았다. 그래서 그는 진정한 자신의 모습을 잃어버린 채 40년의 세월을 낯선 광야에서 방황해야만 했다.

·· 결혼에 실패한 사람 ··

나는 십보라가 모세를 위해서 준비된 여인이 아니었다고 생각한다. 한순간의 실수로 사람을 죽여 광야로 쫓겨난 모세의 이어진 실

그들도 사람이었다

수는 십보라와의 결혼이었다.

자신의 실수를 인정하고 고치어 치유되어야 하는데, 그렇지 못한 사람의 삶은 계속되는 실수로 이어질 확률이 높다. 살인자로 도망가 미디안 광야를 배회하던 모세는 먹을 것과 잠잘 곳이 필요했던 혈혈단신의 남자였다. 그는 지난 40년 동안 자기를 지키는 호위병 없이는 잠들지 않았고, 혼자 앉아 먹는 식탁은 상상할 수 없었다. 그런데 이제 그는 어두운 미디안 광야의 저녁이 외롭고 혼자 보내야 하는 광야의 밤이 무서운 도망자였다.

가장을 제외하고 남자라고는 없었던 미디안 제사장의 가정에서 그를 사위로 맞고 싶다고 했을 때, 그는 자신에게 다른 선택지는 없다고 믿었다. 자신에게 먹을 것과 잠잘 곳, 더 이상 혼자서 광야의 밤을 지새울 필요 없는 아내를 주겠다고 제의했을 때 모세는 그것을 하나님의 뜻으로 받아들였을 것이다. 지금도 얼마나 많은 이들이 외로워서 사람을 만나고, 때론 실연의 슬픔을 이기지 못해 충동적으로 상대를 선택하는가.

모세는 먹을 것과 잠잘 곳을 해결하는 대신 평생토록 장인의 양을 지키고 치는 목자로 살 수밖에 없었다. 그 대가로 아내마저 얻었지만 그럴수록 그의 광야는 더욱더 외로웠다. 그 여인과 아이를 낳았지만 그는 결코 행복하지 않았다. 그는 아들을 낳아 그의 이름을 '게르솜'이라 했다. 이름의 뜻은 '내가 낯선 고장에 몸 붙여 사는 식객이 되었구나(출애굽기 18:3, 공동 번역).'라는 것이었다. 행복하지 않았던 한 가장은 첫아들을 낳아 그 이름에 자신의 한탄을 섞었다.

·· 왕자로 산 40년, 목자로 산 40년 ··

시편 90편은 유일한 모세의 시(詩)이다. 그는 시에서 인생의 연수에 대해 언급한 바 있다.

> "우리의 연수가 칠십이요 강건하면 팔십이라도 그 연수의 자랑은 수고와 슬픔뿐이요 신속히 가니 우리가 날아가나이다(시편 90:10)."

모세의 때에도 보편적인 인류의 수명이 70세에서 80세였음을 우리는 짐작한다. 모세는 80세가 다 되도록 그의 삶의 중심에 서 있지 못하고 그저 미디안 광야의 나그네로, 그의 표현을 빌리면 남의 땅에서 밥을 얻어먹는 나그네로 서성이고 있었다.

그는 하나님의 위대한 개입으로 말미암아 40년을 이집트의 왕자로 살면서 다가올 시대를 준비했지만, 세상 교육의 한계가 그러하듯 그 후 40년을 허비하며 가족들에게 짐이 되는 삶을 살았다.

·· 세상 지혜의 한계 ··

모세는 이집트의 왕자로서 장차 그 큰 나라의 지도자가 될 것을 예비하여 당시의 가장 위대한 교육을 받았다. 성경마저도 그가 받은 교육에 대해 평가하기를, "모세가 애굽 사람의 모든 지혜를 배워 그의 말과 하는 일들이 능하더라(사도행전 7:22)."라고 했다. 하지만

그들도 사람이었다

세상에서 배운 학문의 한계는 명확히 드러난다.

세상의 중심에 서서 세상이 가르쳐 주는 학문과 배움을 완성했던 마흔 살의 모세는 어느 날 자신의 동족 중 한 사람이 이집트 사람에게 매 맞는 것을 보고는 그 주위에 자신을 보는 사람이 없음을 확인하고 그 이집트 사람을 쳐서 죽였다. 그는 잘 배운 무예로 성인 남자를 단 한주먹에 죽일 수 있는 능력을 갖추고 있었다. 그러나 그것은 선을 행하기 위한 또 다른 불법이었다.

기껏 모든 학술을 다 배우고 그 말과 행사에 능했던 모세의 40년은 그를 살인자로 서게 했다. 하나님이 주제가 아닌 세상 배움의 결과는 세상을 두려워하는 것이고 사람을 의식하는 것이다. 그래서 하나님 없는 세상의 고등 학문은 어리석음으로 배를 불리고 사람을 교만에 이르게 한다. 마치 나침반 없이 출항한 배처럼 어리석은 사람들은 바쁘게 세상을 살지만, 그것은 자신의 배만 불리며 살아가다 마침내 파선에 이른다.

슬프게도 모세의 40년의 삶은 세상에서 '하이 클래스'라고 말하는 사람들의 전형적인 모델이다.

　　　　　·· 언약을 기억하시는 하나님,
　　　하나님은 시대를 위해 사람을 부르시고 ··

그의 어머니 요게벳은 이미 세상을 떠난 지 오래였지만 그 아들을 위한 기도와 헌신은 열매를 맺었을까?

살인자 모세를 찾아 죽이려던 이집트의 파라오가 죽고 이스라엘 자손들은 고역으로 피땀 흘리고 신음한다. 그들의 탄식과 부르짖음이 하나님께 상달 된다. 여호와는 이스라엘 백성들의 조상 아브라함, 이삭, 야곱에게 세우신 언약을 기억하신다. 아브라함도, 이삭도, 야곱도 죽었지만 하나님은 영원히 사셔서 그 언약을 기억하시고 그 신실하신 약속을 지키신다. 그분은 말씀하신 분일 뿐만 아니라 그 말씀이시기 때문이다(요한복음 1:1).

·· 때가 되매 이루시는 하나님 ··

하나님은 서두르시는 분이 아니다. 서두름은 미래를 알지 못하는 사람들의 준비하지 못함에서 오는 행동이다. 때가 되매 하나님은 그 백성들의 신음을 들으시고 40년 전의 그 사람(자신은 철저히 준비했지만 하나님께는 부족했던)을 찾아오신다. 이제는 너무 늙어버려 소망이 없어 보이는 팔순 노인을 주님은 부르러 오신다.

하나님께는 바쁜 일이 없다. 그분은 그분의 때에 그의 마음에 합한 자를 부르시어 그를 사용하신다. 모세의 40년 광야 목자의 삶을 통해 준비된 것은 없다. 대신 그는 더 늙고 약해지기만 했을 뿐이다. 더 특별하고 가치 있는 경험이나 경력을 쌓은 것도 아니었다. 단지 하나님 보시기엔 그가 너무 늙어 이제는 고집부릴 힘도 없어 쓰기에 합당한 그릇이 되었는지 모른다. 우리는 모르지만 하나님은 아신다. 누가 쓸 만한 자이고 또 누가 버릴 수밖에 없는 자인가를.

·· 떨기나무에 붙은 꺼지지 않는 불 ··

날마다 똑같은 지팡이를 들고 비슷한 수효의 양을 몰아 언제 보아도 그곳이 그곳인 광야를 배회하는 모세는 그 나이에도 장인의 양을 먹였다.

모세는 바람 부는 광야에서 흔들리며 가지끼리 부딪히다 불이 붙어 잠시 타다 흔적도 없이 사라져 버리는 떨기나무들을 자주 보았다. 그러던 어느 날, 붙은 불이 떨기나무에서 사라지지 않는 기이한 광경을 보고서 그곳으로 다가갔다.

그는 그곳에서 여호와 하나님을 만난다. 그분은 이집트의 태양신이 아닌 어린 시절 어머니가 가르쳐 주신 이스라엘의 하나님, 여호와셨다. 그분은 그의 오랜 절망을 비집고 들어와 빛을 비추시는 분으로, 이제 늙은이가 된 그를 찾아오셨다.

모든 것이 완벽하게 준비되었던 사십대의 모세를 버리시고 이제 황혼의 끝자락에 서 있는 노인 모세를 쓰시고자 먼지 나는 벌판을 달려오신 그분은 진정 그를 지으신 창조주이셨다.

·· 네 발에서 신을 벗어라 ··

당당했던 하얀 얼굴의 이집트 왕자는 다시는 그 색깔을 회복할 수 없는 구릿빛의 쪼그라든 얼굴을 가진 노인이 되어 광야를 걷고 있었다. 40년을 광야의 양치기로 살았지만, 그는 여전히 아무것도 가진 것 없는 미디안 광야의 객이었다.

두 아내를 위해 14년을 노동으로 봉사한 후 자신의 부를 위해 열심히 살았던 그의 조상 야곱과는 달리 아무것도 가진 것이 없던 객으로서 아내와 음식, 집을 제공받은 모세는 40년이 지나 노인이 된 그때까지 자신의 것이라고는 오른손에 들린 지팡이 외에는 아무것도 없었다. 어쩌면 그 육체마저 자신의 소유가 아니었을지도 모른다. 그 후 하나님의 부르심으로 이집트를 향할 때도 그는 자신의 거취를 위해 장인 이드로의 허락을 받아야 하는 팔십대 노인이었다 (출애굽기 4:18).

하나님은 아무것도 가진 것 없는 모세에게서 또 무엇인가를 앗아버리기를 원하셨다. 빼앗는 것이 목적이 아니라, 필요 없는 것들을 제하시고 새것으로 채우려는 그분의 사려 깊은 생각이었다.

뜨거운 사막 위를 걷는 양치기의 발가락에 걸려 있는 신발을 벗게 하시어 모세로부터 제하시고자 하신 것은 오물 묻은 가죽 샌들이 아니라 아직도 그에게 남아 있는 세상에 대한 미련이었다.

신발을 신을 권리가 없는 사람은 노예이다. 하나님은 당신을 만나러 오는 모세가 이제라도 살아 있는 자신을 부인하고 오직 그분만을 위한 종이 되길 원하셨다. 자신을 만나러 오신 전능자 여호와를 만나기 위해서 모세는 신고 있던 낡은 신발을 벗어야 했다. 거룩한 곳에서는 신발을 벗어야 한다. 살아 계신 하나님 존전에서는 자신을 부정해야 한다. 전능자 여호와 앞에서는 노예가 되어야 한다.

맨발로 선 떨기나무 앞에서 그에게 말씀하시는 아브라함의 하나님, 이삭의 하나님 그리고 야곱의 하나님. 그분을 뵙는 것이 두려워 모세는 두 팔로 얼굴을 가린다. 하나님을 만난 선지자 이사야도 그

그들도 사람이었다

분을 뵈었을 때 "화로다 나여, 망하게 되었도다(이사야 6:5)."라고 고
백했다.

자신의 힘으로 서 있는 사람을 넘어뜨리고, 스스로 망하게 한 사
람을 세우시는 것이 하나님이시다.

·· 내가 너를 보내어 ··

하나님을 뵙고 무릎을 떨며 서 있는 모세를 향하여 그분이 하신
첫 번째 말씀은 "이제 내가 너를 바로에게 보내어 너에게 내 백성
이스라엘 자손을 애굽에서 인도하여 내게 하리라(출애굽기 3:10)."라
는 것이었다. 모든 것을 갖추었던 마흔의 모세를 버리시고 이제 이
집트의 지식과 학문을 기억조차 하기 힘든 노인을 부르시어 하나님
은 자신의 일꾼으로 삼으셨다.

과연 하나님의 선택은 옳은 것이었는가? 그렇다. 그분의 판단은
언제나 옳다. 우리가 그분을 잘 모를 뿐, 그분은 우리를 아신다.

> "깊도다 하나님의 지혜와 지식의 풍성함이여, 그의 판단은
> 헤아리지 못할 것이며 그의 길은 찾지 못할 것이로다(로마서
> 11:33)."

하나님은 택할 자를 택하시고 보낼 자를 부르신다. 하나님 보시
기에 이제 모세는 보낼 만한 사람이었다.

하나님을 갑작스레 뵈어 죽겠다고 소리치며 두려워하던 이사야에

게 "내가 누구를 보내며 누가 우리를 위하여 갈꼬(이사야 6:8)."라고 물으신 주님이 바로 그 하나님이시다. 사람이 자신을 꺾고 흰 손을 들면 하나님은 그를 사용하신다. 하나님은 우리의 힘이 다 소진될 때를 기다리시고 그 후에 당신의 힘을 부어 주시어 우리를 사용하신다.

·· 내가 누구관대 ··

모세에게 있어 가장 떠올리기 싫은 단어는 '이집트'와 '이스라엘 백성'이었을 것이다. 그 단어엔 그의 지난날의 실패가 묻어 있었기 때문이다. 그런데 다시 생각하고 싶지 않은 이야기를 가지고 떨기나무로 찾아오신 하나님은 그에게 말씀하신다.

하나님은 그의 사람들의 실수를 다시 회복시키시기를 원하신다. 사람들은 실수의 현장에서 멀리 도망가 그것을 기억조차 하려고 하지 않지만, 그들을 지으신 여호와는 그 실패에서 일어나 그것을 정복하기를 원하신다.

그분은 우리의 승리를 원하신다. 그리스도께서 십자가에 달려 죽으신 것은 그의 삶에서 겪었던 유일한 패배가 아니라 죄를 범한 인류에게 승리를 선사하는 놀라운 사건이자 역사였다. 그분은 우리의 승리를 위해 자신을 죽이셨다.

"내가 누구이기에 바로에게 가며 (내가 누구이기에) 이스라엘
자손을 애굽에서 인도하여 내리이까(출애굽기 3:11)."

그들도 사람이었다

모세는 자신이 누구인지 몰라서 그렇게 물은 것이 아니다. 그는 자신을 너무나도 잘 알았다. 바로 40년 전의 그는 그 일을 원했지만 지금은 살인자가 되어 또 한 번 40년을 광야에서 살아 버린 쓸쓸한 황혼의 팔십 노인이라는 것이다.

하지만 그의 생각은 틀린 것이었다. 그것은 실패한 자신의 눈으로 바라본, 자신이 만든 그림자에 불과했다. 모세는 아직도 자신이 누구인지 몰랐다. 오랜 인생을 살았고, 광야의 경험 많은 목자가 되었지만 아직도 자신이 누구인지, 인생이 무엇인지 알지 못했다. 그 이유는 아직도 그가 하나님이 누구신지를 알지 못했기 때문이다. 아직 여호와를 만나 그를 경험하지 않았기 때문이다.

사람이 하나님을 모르면 무엇도 아는 것이 아니다. 여호와를 만나지 않은 사람은 인생을 알 수가 없다.

지혜의 왕 솔로몬은 말했다.

"여호와를 경외하는 것이 지식의 근본이거늘 미련한 자는 지혜와 훈계를 멸시하느니라(잠언 1:7)."

그토록 열심히 세상 학문을 배웠지만 하나님의 마음을 알지 못했던 연약했던 지성, 바울은 그리스도를 만나 변한 자신을 보며 하나님에 대해 고백했다.

"깊도다 하나님의 지혜와 지식의 풍성함이여, 그의 판단은 헤아리지 못할 것이며 그의 길은 찾지 못할 것이로다(로마서 11:33)."

·· 내가 정녕 너와 함께 있으리라 ··

'내가 너와 함께하겠다.'라는 말의 가장 실감 나는 해석은 '너를 이 세상에서 하나님같이 되게 하겠다.'라는 것이다(출애굽기 4:16). 팔십 평생을 살았지만 여전히 자신이 누구인지 도대체 몰랐던 모세에게 하나님은 '너는 내가 함께하는 사람이다.'라고 말씀하시어 그 노인의 심장을 흔들어 놓으셨다.

거장은 하나님과 함께하는 사람이다. 하나님과 함께 꿈을 꾸고 하나님과 함께 그 꿈을 이루어가는, 그래서 거장은 하나님의 사람이다. 이 세상에서 가장 강한 사람은 하나님과 함께하는 사람이다. 칼과 단창을 자신의 힘으로 삼고 전장으로 나온 골리앗은 조약돌 몇 개를 가졌던 하나님과 함께한 소년 다윗에게 힘없이 무너져 내렸다.

지난날 이집트의 모든 학술과 무예를 겸비하고도 불법적으로 한 사람을 쳐 죽인 것으로 자신의 모든 삶을 파괴의 길로 내어 주었던 모세는 이제 세상에서 가장 강대한 왕국으로부터 조국의 백성들을 끌어내기 위해 하나님이 함께하시는 사람이 되어야 했다.

자신을 의지하지 않고, 자신의 능력을 신뢰하지 않고, 자신의 꿈에 파묻혀 있지 않고, 자신의 방법에 취해 있지 않고 오로지 전능하신 여호와 하나님을 바라보고 있다면 당신은 '하나님이 함께하시는 사람'이다. 그런 당신을 하나님은 '세상에서 하나님 같이 되게 하실 것이다'. 이 얼마나 가슴 벅찬 사실인가.

그들도 사람이었다

우리의 영웅 요셉이 지닌 '하나님이 함께하는 사람'이라는 트레이드 마크를 이제 모세와 당신의 가슴에도 붙일 때가 되었다.

·· 내가 무엇이라고 그들에게 말하리이까 ··

모세는 하나님을 만났지만 그분이 어떤 분인지를 잘 알지 못했다.

다른 사람들이 하나님에 관해 물을 때 그들에게 대답할 말이 없다면 그것은 하나님을 모르는 것이나 다름없다. 경험하지 않은 하나님은 아무에게도 설명할 수가 없다.

하나님 사람들의 사역은 '하나님을 만나 아는 것'에서 시작한다. 하나님에 대해 연구하고 공부하되, 그를 인격적으로는 만나거나 알지는 못한 신학자들의 가르침이 교회를 위태롭게 했다. 하나님을 알지 못하는 뭇 철학자들로 인해 이 세상은 혼란에 빠졌다. 자신이 경험하여 안 하나님에 대해 할 말이 없는 사람의 헌신은 생계를 위한 수단으로 전락하기 쉽다.

이런 면에서의 모세의 질문은 용기 있고 분명한 것이었다. 세상의 모든 지식을 안다 해도 '하나님'을 모르면 그것은 아무것도 모르는 것이다. 그렇기에 하나님을 알되 탁월하게 알며, 그를 경험하되 이는 인격적이고 지속적인 만남이 되어야 한다.

거장은 하나님을 잘 알아야 한다. 거장은 하나님을 알기 위해 발버둥 치는 사람들이다. 하나님에 관하여 아는 지식이 바로 거장들이 알아야 할 학문이다. 하나님에 대하여 배워서 그분을 알 뿐만 아니라, 하나님을 직접 만난 사람이 바로 이 시대의 거장이다.

·· 알기까지 만나라 ··

만나기 전까지는 우린 그분을 모른다. 만나되 깊이, 지속적으로, 오랜 세월에 걸쳐 교제하지 않으면 우린 그분에 대해 잘 알 수가 없다. 하지만 그분은 우리의 온 삶을 불살라서라도 알아야 할 소중한 분이시다.

그분은 동전 몇 개 기계에 집어넣어 커피 한 잔 빼 마시듯 쉽게 만날 수 있는 분이 아니다. 그분은 찾고 찾아야 만날 수 있는 분이다(예레미야 29:13). 부르짖고 부르짖어야 응답하시는 분이다(예레미야 33:3).

이 시대의 얼마나 많은 사람이 하나님을 만나지 못하는 예배를 드리고 있는가. 얼마나 많은 회중이 주님이 안 계신 곳에서 그분을 찬양하고 있는가. 그분은 예배하기만 하면 오시고 노래만 하면 들으시는 분이 아니다.

> "하나님은 영이시니 예배하는 자가 영(in spirit)과 진리(in truth)로 예배할지니라(요한복음 4:24)."

·· 그분은 아무나 만나 주시지 않는다 ··

하나님은 세상과 그 사람들을 사랑하시지만 아무나 그분을 만날 수는 없다. 그것은 그분의 능력상의 문제가 아니라 속성상의 문제이다. 거룩하신 그분은 죄인들을 만날 수 없다. 마치 자석의 N극과

그들도 사람이었다

N극이 서로 만날 수 없듯이 그리스도를 믿어 그로 인해 죄에 용서를 받지 못한 사람들을 그분은 만날 수가 없다. 그래서 그분은 자신의 아들을 이 땅에 보내시어 고난받고 죽게 하신 것이다.

> "영접하는 자 곧 그 이름을 믿는 자들에게는 하나님의 자녀
> 가 되는 권세를 주셨으니(요한복음 1:12)."

그분은 그의 아들로 인해 거룩하게 된 자들을 만나시고 그들과 교제하시며 그들을 복 주신다. 우리가 거룩해야 할 이유가 있다면 그분을 만나기 위해서다.

·· 나는 그분을 만나고 싶었다 ··

나는 그분이 안 계신 예배에 참석하는 것이 싫었다. 나는 설교자로 수많은 교회에 다녔지만 그분이 안 계신 교회의 예배를 수없이 보아 왔다. 나는 그저 좋은 말씀을 전하고 상냥한 인사만 나누고 돌아오는 나의 사역에 고통을 느꼈다.

나는 그분이 듣지 않으시는 노래를 부르고, 그분께 상달 되지 않는 아름다운 찬양을 하는 일이 죽기보다 싫어졌다. 불러도 불러도 대답 없는 그분 앞에서 노래하는 일에 슬픔을 느꼈다. 현대 교회의 예배는 프로그램과 순서지 그리고 그 안에 큰 시계만 걸려 있는 것 같아 안타깝고 슬펐다.

·· 오실 때까지, 대답하실 때까지,
나의 예배를 받으실 때까지 ··

나는 소중하고 거룩하신 분을 실제로 만나기 위해 나 자신부터 거룩함과 믿음으로 설 것을 결심하고 세상과 싸워나갔다. 그리고 그분이 오실 때까지 끝까지 거룩함으로 옷 입고 믿음을 부여잡고 기다리기로 했다. 가정에서 예배를 드리기 위해 기도로 준비하며 임재하실 그분을 사모했다.

음식점에서 주문한 음식이 늦게 나온다고 화를 내며 식당을 나가는 사람을 본 적이 있다. 그리고 사람들은 약속을 한 사람이 제시간에 나타나지 아니하면 먼저 그 자리를 떠나기도 한다. 현대인들은 바쁘기도 하지만, 그런 동시에 서로가 한 약속에 대한 절대적인 믿음이 없기도 하다.

하지만 나는 끝까지 그분을 만나기를 기다리면 그분이 약속대로 오실 것이라고 믿었다. 초대 교회의 형제들이 약속하신 성령님이 오실 것을 믿고 열흘을 기다린 것처럼 나는 그분을 기다리기로 했다.

나는 기도하되 그분이 임하실 때까지 기도하며 금식했고, 그분을 찬양하되 그분이 오실 때까지 했다. 시간만 나면, 아니 어떻게 해서라도 시간을 만들어 기도하고 찬양을 드렸다.

우리의 가족 예배는 계속 길어졌다. 그러다 아이들은 저녁 예배드리는 자리에서 잠들어서 아침 예배 때 깨어나기도 했다. 그러면서 우리의 예배는 점점 깊어졌고, 예배에 더한 기름 부으심이 임하셨다. 주님이 말씀하기 시작하셨다. 너무나도 귀한 기름 부으심은 우리가 가는 곳 어디든 우리가 그분의 이름을 높일 때마다 임하셨다.

하지만 그것이 시작에 불과함을 나는 알고 있다. 그 크신 하나님을 뵙기에는 내가 너무 작다는 것을 깨달았다. 허나 그분은 나를 키우시며 더 큰 그분 자신을 알게 해 주시리라 믿는다. 그래서 난 그분 앞에 서 있고 오늘도 그분이 자신을 보여 주실 때까지 기대하고 기다린다.

.. 스스로 있는 자, "나는 나다" ..

그의 이름을 묻는 모세에게 하나님은 자신을 '스스로 있는 자'라고 말씀하신다. 그것의 히브리어 원뜻은 '나는 나다.'이다. 그것은 이름이 아니다. 그분은 이름이 필요 없다. 그분은 그냥 그분이다. 하나님이 창조하신 만물을 낱낱이 이름 지어 부른, 하나님께서 지으신 첫 사람 아담조차도 그의 이름을 지을 수 없었다. 그저 그분은 그분인 것이다. 그래서 그가 택한 백성 유대인들은 그의 이름을 입에 담지도 못했다. 너무나도 거룩한 그분의 이름을 망령되게 부를 수 없어 그냥 '주(아도나이)'라고만 불렀다.

그분은 이어서 그의 영원한 이름이며 대대로 기억할 칭호로써 '아브라함의 하나님', '이삭의 하나님', '야곱의 하나님'이라고 일러 주셨지만 '철수 아빠', '영희 아버지'가 사람의 이름이 될 수 없듯 어찌 그것이 그분의 이름일 수가 있겠는가.

이름으로는 표시할 수 없는 그분, 인간의 언어로는 다 표현할 수 없는 그분이 지금 모세를 만나고 계시다. 그분이 모세를 불러 사명을 주시고 세상으로 그를 보내길 원하신다. 그런데 모세는 여전히 두렵고 자신이 없다.

·· 이집트 왕이 허락하지 아니하다가 ··

세상은 그때나 지금이나 호락호락한 땅이 아니다. 그들은 하나님의 이야기를 들어도 변하지 않는다. 사람들은 그에 관한 소문을 들어도 두려워하지 않는다. 세상은 하나님이 하시는 일을 보고서야 그들의 마음을 돌이킨다. 그의 능하신 손의 능력을 보고서야 무서움에 떤다. 우리는 그것을 알아야 한다.

앞에서 나는 하나님을 만나기 위해서는 기다리고 기다려야 한다고 말했다. 우리가 그분의 이름으로 세상을 상대할 때도 이길 때까지 싸우며 기다려야 한다. 세상은 우리가 힘써 싸운다고 우리 앞에 무너지지 않는다.

단지 우리가 하나님의 약속을 믿고 그분과 함께 이기도록 끝까지 싸워나가면 승리는 우리의 것이 된다. 때로 사탄은 버티기 작전으로 나오는데, 그것을 알지 못하는 사람은 그들이 무너지기 전에 먼저 쓰러진다. 믿음이 없어서다.

여호수아와 함께한 군대가 마지막 일곱 째날 여리고 성을 최후의 일곱 바퀴까지 돌지 않았다면 그 전의 노력은 아무것도 아닌 것으로 역사 속에 파묻혔을 것이다. 하나님의 군대는 그 강한 성벽 앞에서 사람들의 생각으로는 전술도 전략도 아닌 방법(하지만 그것은 하나님께서 가르쳐 주신 병법이었다)으로 그들을 포위하고 돌고 또 돌았다.

그들도 사람이었다

당신이 가는 길이 위대한 하나님과 함께하는 것이라면 염려를 놓아라. 믿고 끝까지 가라. 그 상대가 누구든 당신의 승리는 보장되어 있다. 지금도 사람들은 '모세 대 바로(Pharaoh vs Moses)'의 싸움이라고 여기지만, 그때 바로를 상대하신 분은 바로 하나님이다.

"사람으로는 할 수 없으나 하나님으로서는 다 하실 수 있느니라 (마태복음 19:26)."라는 구절에서 '하나님으로서'는 영어 성경엔 'With GOD'으로 번역되어 있다.

·· 네 손에 있는 것이 무엇이냐 ··

"그러나 그들이 나를 믿지 아니하며 내 말을 듣지 아니하고 이르기를 여호와께서 네게 나타나지 아니하셨다 하리이다(출애 굽기 4:1)."

모세는 하나님을 만났지만 세상으로 나갈 자신이 없었다. 세상에 그의 하나님을 보여 줄 그 무엇을 가지고 있지 못했다. 그것은 예배당 안에서는 하나님을 예배하지만 세상 가운데에서는 하나님을 증거하지 못하는 현대의 크리스천과 다를 바 없는 모세의 모습이었다.

그리하여 하나님은 그 종 모세에게 능력을 입히시기를 원하셨다. 하나님의 능력은 배워서 오는 것이 아니다. 그것은 그분이 임하심으로써 온다. 모세가 잡았던 지팡이를 던지매 그것은 뱀이 되었다. 놀라 그 뱀을 피하던 모세가 그 뱀의 꼬리를 잡았을 때 그의 손에서 뱀은 다시 지팡이가 되었다. 그 손의 지팡이가 하나님의 능력으로 사용되었다. 어떤 목자의 손에도 들려 있을 생명 없는 나무 막대기에 불과한 지팡이지만 하나님이 함께하시니 능력이 되었다.

포도주가 다 떨어져 혼인 잔치가 위기를 맞았을 때, 그리스도께서 기적적으로 포도주를 만드시며 사용하신 것은 지천에 널려 있는 물이었다(요한복음 2:1-11). 재료가 중요한 것이 아니라 하나님의 손이 중요하다.

모세의 손에 40년이나 들려 있던 오물 묻은 지팡이는 그에게 하나님이 찾아오셨을 때 능력이 되었다. 거장은 다른 사람이 소유하지 못한 값진 것을 소유한 사람이 아니라, 하나님 앞에서 순종으로 서 있는 사람이다.

단지 양들을 이끌던 가치 없던 지팡이에 능력이 임함으로써 하나님은 모세에게 권위를 입히신다. 이제 그 지팡이로 이적을 베풀고 그 나무 막대기로 홍해를 가르게 될 것이다. 거장은 스스로 권위를 주장하는 사람이 아니라 하나님이 함께하심으로써 하나님의 임재가 임하는 사람이다.

거장이 가진 것은 힘이 아니라 하나님 자신이다.

·· 품에 넣었다 뺀 손 ··

주먹을 쥐고 태어났던 모세는 마흔이 되자 편 손으로 세상을 움켜쥐려 했다. 하지만 그가 그 후 40년 동안 줄곧 움켜쥐고 살았던 것은 미디안의 제사장 장인 이드로가 쥐여 주었던 마른 나무 막대기 외엔 아무것도 없었다.

　　　　　　　　　　　　그들도 사람이었다

광야에서 40년을 살고 팔십 노인이 된 힘없는 모세의 손은 이제 이전의 힘이 넘치던 그 손이 아니었다. 한 손으로도 사람을 때려눕혀 영원히 일어서지 못하게 했던 그 손이 아니었다.

하지만 이제 하나님은 팔십 노인의 손을 쓰시고자 그 손을 변화시켜 주셨다. 품에 넣었다 뺀 손은 한센병으로 하얗게 된 손이었고, 다시 한번 넣었다 뺀 손은 다시 깨끗게 된 손이었다.

하나님은 이제 모세의 손을 사용하시어 이스라엘 백성을 치유하실 것이다. 모세는 하나님의 권능으로 이집트에 심한 질병을 전달할 것이고 또 그의 기도를 통해 그것은 제거될 것이다. 그리고 비록 이스라엘 백성이 이집트에 있는 동안 죄에 오염되어 한센병과 같은 질병에 걸리겠지만, 모세의 품속으로 끌어들여짐으로써 깨끗하게 치유받을 것이다.

거장은 자신의 손이 아닌 하나님의 손으로 하나님의 일을 하는 사람이다.

·· 나는 본래 말에 능치 못한 자니이다 ··

세상의 혀는 대부분이 자신을 변호하는 데 사용된다. 그래서 말에 자신이 없는 사람은 다른 사람을 만나는 일에 긴장한다. 그것은 자신을 타인에게 표현하는 일에 불안을 느끼는 이유가 된다. 특히 시내산의 모세는 오랜 세월 다른 사람과의 공식적인 만남을 가지지 않았다. 그로 인해 사람을 만나는 일, 특히 이집트의 파라오를 만나는 일을 두려워하게 된 것은 당연하다.

때때로 하나님은 사람이 자신을 위해 준비한 것들을 쓸모없는 것으로 여기실 때가 있다. 그래서 그 사람이 그것을 다 비울 때까지는 그를 쓰지 않고 기다리신다. 이집트 최고의 가문과 명예를 토대로 쌓아 올린 학술로 말과 행사가 능했던(사도행전 7:22) 청년 왕자였던 그가 "나는 본래 말을 잘하지 못하고 입이 뻣뻣하며 혀가 둔한 자"라고 고백하는 광야의 노인이 되었을 때에야 여호와는 그를 쓰시고자 하셨다(출애굽기 4:10).

1세기 이스라엘 최고의 지성이었으며 가말리엘의 제자였던 청년 사울은 다메섹 도상에서 그가 핍박했던 그리스도를 만나 회심했지만, 그가 바로 달려간 곳은 복잡한 도시의 일터가 아닌 아무도 없는 거친 광야였다. 그 아라비아 광야에서 보낸 3년은 사람의 것은 지우고 하나님의 것으로 채워지는 가장 아름답고도 필요한 시간이었다.

이렇듯 거장은 하나님을 만나 자신의 생각이 변한 사람들이다. 그래서 그때까지 가장 귀하게 여겼던 것들을 모두 배설물로 여기고 자기 안을 하나님의 것으로 채운 사람들이다. 자기 안의 배설물을 발견하지 못해 쏟아 내지 못한 사람은 거장의 길로 들어갈 수 없다. 성공했지만 여전히 배설물을 지고 있는 사람은 거장이 아닌 단지 포장만 거장인 사람이다. 그래서 그들은 냄새를 풍긴다(창세기 34:30).

말 잘하는 모세의 형 아론이 있었지만(출애굽기 4:14) 하나님이 쓰시고자 한 사람은 말을 못하는 모세였다. 자신의 생각과 지식만으로 자신의 말을 하는 사람을 하나님은 무용한 자로 여기신다. 비록 입이 둔하고 그 소리가 매끄럽지 못해도 하나님 앞에서 떨며 서 있는 사람을 하나님은 귀히 보신다. 그래서 이제 모세는 하나님이 쓰실 만한 사람이 되었다.

·· 내가 네 입과 함께 있어서 할 말을 가르치리라 ··

하나님의 나라에 필요한 사람은 말 잘하는 사람이 아니라 그 입을 하나님이 말씀하시도록 내어 드리는 사람이다. 입의 소유권을 하나님께 드리는 사람, 입이 헌신 된 사람이 곧 하나님의 사람이다.

모세는 자신이 말을 잘하지 못하는 사람이라 하나님의 일꾼으로 합당하지 않다고 고백하지만, 하나님은 입이 둔한 모세를 쓰고자 그를 부르신다.

"주께서 주의 종에게 명령하신 후에도 역시 그러하니 나는 입이 뻣뻣하고 혀가 둔한 자니이다(출애굽기 4:10)."

모세는 하나님을 만난 후에도 여전히 바뀌지 않은 자신을 보면서 이유 있는 변명을 하지만, 그는 아직 하나님을 모른다. 하나님은 그의 명령에 순종하여 길을 떠날 때 함께하시고 그 필요한 때에 그의 한없는 능력을 베풀어 주신다.

"오직 성령이 너희에게 임하시면 너희가 권능을 받고……. 내 증인이 되리라(사도행전 1:8)."라는 말씀에 대한 나의 해석은 이렇다. 성령이 임하시면 그분의 권능이 우리에게 잠재적으로 임하는데, 그 능력은 우리가 증인으로 살아가는 현장에서 나타나기 시작한다. 그리고 '증인'이라는 단어는 '순교자'라는 단어와 관계가 있다.

하지만 모세는 아직 그것을 모른다. 그래서 또 다른 레퍼토리를 읊조린다.

"오 주여 보낼 만한 자를 보내소서(출애굽기 4:13)."

·· 하나님을 노엽게 말라 ··

갓난아이에게는 아무도 화를 내지 않는다. 어린아이에게 노하는 어른은 어리석은 사람이다. 화는 기대를 걸고 있는 사람과 말이 통하지 않을 때 서로에게 하는 심리적인 갈등의 표출 방법이다.

하나님은 모세를 동역자로 생각하며 그를 통해서 하실 큰일을 기대하며 애정을 가지고 계신다. 그래서 하나님이신 그분이 사람인 모세에게 화를 내신다. 하지만 모세는 빨리 사태를 수습해야 한다. 빨리 그분께 사과를 드리고 지팡이를 잡은 채 행동해야 한다.

이제 우리의 영웅 모세도 그것을 이해한 것 같다. 그가 신발 끈을 묶는 모습을 우리는 곧 보게 된다.

·· 이드로가 그에게 평안히 가라 말하다 ··

하나님께서 모세를 만나 그를 일꾼으로 삼기 전에 그는 미디안의

그들도 사람이었다

제사장이자 장인인 이드로에게 속한 양치기였다. 그는 40년을 장인의 양을 돌보았지만, 그저 이드로 목장의 장기근속 일꾼이었다. 살인으로 미디안 광야의 방랑자가 된 그에게 이드로는 먹을 것과 살 집과 그리고 아내를 주는 대신 평생 그를 양 치는 목자가 되게 했다.

세상 모든 사람은 하나님께 속하기 전에는 그 누군가의 종이 될 수밖에 없다. 어떤 사람은 돈의 노예로, 어떤 사람은 권력의 앞잡이라는 차원 높은 머슴으로, 그리고 더러는 기꺼이 스스로의 종이 된다.

누구든지 하나님을 만나 그분의 종이 됨으로써 세상으로부터 자유인이 되고, 그분께 매임으로써 하나님의 사람들은 세상을 다스리는 자가 된다.

모세는 하나님 앞에서 사명을 받아 이드로가 쥐어 준 목자의 막대기가 아닌 하나님이 주신 능력의 지팡이를 손에 쥔다. 그런 모세를 이드로는 더 이상 붙들지 못한다. 그리고 '평안히 가라(Go in peace).'라는 축복의 말과 함께(출애굽기 4:18) 보내 준다.

세상은 더 이상 하나님의 사람들을 붙들지 못한다. 하지만 많은 사람은 스스로 세상에 속한 채 하나님의 부르심을 듣지 못한다. 세상을 떠날 때 사람은 하나님의 소유가 된다. 헌신은 소유권의 이전(移轉)이다.

거장은 하나님께 속하여 하나님 나라를 위해 하나님이 보내시는 사람들이다. 이 땅의 젊은이들로 하여금 환경을 탓하여 하나님의 부르심에 망설이게 만드는 것이 사탄이 쓰는 가장 보편적인 궤계이다. 걱정하지 말라. 하나님은 그의 사람들이 부르심에 응답하여 움직이면 그 환경을 제공하신다.

·· 피 남편 ··

모세는 그의 아내이자 미디안 제사장의 딸인 십보라와 함께 40년을 살았지만 행복한 가정의 남편도, 아버지도 아니었던 것 같다. 그는 가정을 말씀으로 세우지 못했던 가정의 가장이었다. 그는 이방 땅에서 아들을 낳았지만 할례를 행하지 않았다. 그는 하나님이 그에게 귀한 아들을 주셨지만 감사는커녕 신세 한탄만 했다. '게르솜(내가 낯선 고장에 몸 붙여 사는 식객이 되었구나)!'이라고 말이다.

사명을 받아 먼 길을 떠나는 모세에게 하나님은 그분의 말씀을 순종하기를 요구하셨다. 그는 아내의 반대로 아들에게 할례를 베풀지 않았을 수도 있지만, 어쨌든 하나님은 그의 종의 가정 안에서 그분의 말씀이 순종 되기를 원하셨다.

하나님의 길을 가는 사람은 어떠한 사소한 일에도 원수의 책잡히는 일을 해서는 안 된다. 그래서 하나님 사람들의 가정은 말씀을 순종하여 실천하는 현장이 되어야 하고, 그 말씀으로 가족이 하나 되어야 한다. 그 일을 위해서 모세의 가정은 피를 흘렸다(출애굽기 4:25).

늦었지만 하나님은 모세 아들의 양피를 베어냄으로써 이방 땅에 머물며 해이해진 그의 가정이 성결로 나아오길 원하셨다. 그 일로 인해 모세의 아내 십보라는 원치 않는 경험을 하게 되어 모세를 떠났다. 그러나 사명에 매여 먼 길을 떠나는 모세는 가정 안의 불순종으로부터 자유로워졌다. 아내가 떠나도(물론 이혼한 것은 아니고 단지 아내 십보라의 마음이 상해 그와 동행하기를 싫어했다) 사명자는 그 길을 가야 한다.

피를 흘리는 일은 아픔이지만 하나님은 그의 종들을 사탄의 참소로부터 자유롭게 하신다. 또한, 허점을 뚫고 공격하는 원수들로 인해 더 많은 피를 흘리게 되는 것으로부터 보호하시기를 원하신다.

디모데의 스승 바울이 유대인 어머니와 헬라인 아버지 사이에서 태어난, 이미 성인이 된 디모데에게 할례를 받게 했던 것은 하나님의 사람들이 사소한 싸움에 휘말림으로써 사탄이 기뻐하는 일을 방지하기 위해서였다(사도행전 16:3). 싸움은 사람을 나누고 하는 일에서 힘을 빼는 주범이다. 거장은 어떠한 경우든 세상을 호령하되 싸움에 말려들어서는 안 될 사람들이다.

광야의 거장으로 거듭난 모세

·· 마흔의 꿈을 여든에 시작하다 ··

모세의 시대에도 그와 함께 광야 길을 걸었던 사람들은 보통 70
년을 살았고 건강하면 80세에 삶을 마쳤다(시편 90:10). 이제 모세는
삶의 끝자락에 서서 황혼을 바라보는 노인이었다. 그가 큰 꿈을 꾸
었던 때는 까마득한 40년 전이었다. 그때는 힘이 있었고, 명예가 있
었다. 그리고 세상의 중심에 있었다. 하지만 그것은 모두 끝난 과거
의 일이었다.

떨기나무 앞에서 하나님을 만난 모세가 하나님의 부르심에 그토
록 망설였던 이유는 그가 여든의 노인이었기 때문이다. 그것은 마
치 친구의 장례식에 참석한 여든 노인이 이웃 나라와의 전쟁에서
장수로 임명되는 일과 별반 다르지 않다.

하지만 이 땅의 조물주이신 하나님은 그러한 일을 종종 시도하신
다. 그분 마음에 드는 사람을 발견만 하신다면 말이다. 99세의 노인
아브라함에게 아들을 주시겠다고 약속하신 일이나 늙은 제사장 사
가랴의 아내 엘리사벳에게 아들을 주신 일도 모두 그분이 행하신
놀라운 일이다.

불가능의 꼭대기에서 사람을 부르시되 순종하는 사람들을 찾으

　　　　　　　　　　　　　　그들도 사람이었다

시고, 그들을 통해 그분은 이 땅의 상식을 넘는 기적들을 행하신다. 광야에서 허비한 40년을 하루도 빼지 않고 보상하시어 모세로 하여금 120세까지 열정적인 삶을 살게 하신 일이나, 광야의 수백만의 사람들을 먹이시고 그 입은 옷이 해지지 않게 하신 것도 모두 위대한 조물주이신 하나님이 하신 일이다.

때와 기한을 정하는 것은 여호와의 일이지만 그 때와 기한 속으로 들어가는 일은 사람이 할 일이다. 40년의 방황 끝에 하나님이 아니면 아무것도 소망할 수 없는 광야의 모세가 바로 하나님이 쓰실 수 있는 사람이었다.

·· 바로에게 가서 이르되 내 백성을 보내라 ··

모세와 그의 조력자이자 형이었던 아론은 거대한 나라 이집트의 파라오에게 가서 담대히 하나님의 말씀을 전한다.

"내 백성을 보내라 그러면 그들이 광야에서 내 앞에 절기를

지킬 것이니라(출애굽기 5:1)."

모세와 아론은 하나님이 명하신 말씀을 그대로 전하지만 이집트의 파라오는 그것을 거절한다.

"나는 여호와를 알지 못하니 이스라엘을 보내지 아니하리라

(출애굽기 5:2)."

그것은 예상된 결과다. 파라오가 순순히 이스라엘 백성들을 보내지 않을 것을 알았지만 모세와 아론은 그것을 전해야 한다. 일의 결과는 하나님이 관할하시되 그 순종은 사람의 일이다. 안 될 것이 뻔해도 하나님의 사람들은 주의 말씀에 순종해야 한다. 세상 사람들의 관심은 일의 결과에 있지만, 하나님의 눈은 그분의 말씀을 믿고 그 뜻대로 행하는 자들에게 머무신다.

믿음과 행함도 갑자기 되는 일이 아니다. 믿음에도 단계가 있어 작은 순종이 거듭되면서 그것이 자라고 그 믿음이 더 큰 행동으로 나아가게 한다. 지금은 지팡이를 잡은 모세의 손이 땀으로 흥건하지만 그 손을 홍해를 향해 뻗을 날도 멀지 않았다.

·· 어찌하여 나를 보내셨나이까 ··

모세가 하나님을 순종한 일은 이스라엘 백성이 파라오에게 더한 학대를 받는 결과로 이어졌다. 이스라엘 백성을 데리고 광야로 나가 여호와께 제사를 드리겠다는 모세의 말을 들은 파라오는 더 혹독한 노동으로 이스라엘 백성을 괴롭힌다.

길거리에서 만난 백성들에게 지도자에 대한 원망을 들은 모세는 그 백성들이 더한 학대를 당하게 되었음에도 그들을 구원해 주지 않는 하나님께 불편함을 토로한다. 그는 또다시 원점으로 돌아가 자신을 흔든다.

"어찌하여 나를 보내셨나이까."

하나님께 따지고 원망하는 것은 자유 의지에 속하는 일이지만 그 일로 인해 흔들리고 연약해지는 것은 자기 자신이다. 모세가 하나님께서 자기에게 이제껏 명하신 말씀을 잘 숙지했더라면 바로가 그의 말을 듣자마자 이스라엘 백성을 보내지 않을 것을 모르지 않았을 것이다(출애굽기 4:21, 23).

우리가 쉽게 실망하고 흔들리는 것은 그분의 말씀을 상고하지 않기 때문이다. 그분을 알면 실망하지 않는다. 그분은 치밀하고 정확하며 실수하지 않는 전능하신 하나님이시다. 하나님의 말씀을 통해 우린 그분을 알아야 하고, 그분의 말씀을 상고해 그분을 따라가야 한다.

하나님의 말씀을 직접 들었지만 그분을 이해하지 못한 모세를 하나님은 참으셨다. 대신 이제부터 일을 시작하실 것이라고 하나님은 아이 달래듯 모세를 격려하신다.

·· 나는 여호와니라 ··

모세를 만난 첫날에 '스스로 계신 자(나는 나다.)'라고만 말씀하셨던 하나님은 이제 고통 중에 신음하는 이스라엘 백성들에게 자신이 '여호와'임을 거듭 알게 할 거라고 말씀하신다. 그들의 조상인 아브라함과 이삭, 야곱에게 주기로 맹세한 땅으로 그들을 인도하여 그 땅을 기업으로 주실 것을 약속하신다. 이제 그 일을 시작하신다고, 그래서 이제 그것을 보게 될 것이라고 말씀하신다.

모세는 그 말씀을 듣고 믿었으므로 그것을 백성들에게 전한다. 하지만 그들은 이미 상한 마음과 가혹한 노동 현실로 인해 모세가 전해 준 하나님의 말씀을 귀담아듣지 않는다.

그럼에도 불구하고 하나님은 바로에게 이스라엘 백성을 보내라고 거듭 말할 것을 명령하신다. 모세는 백성들의 현실적인 반응으로 인해 하나님의 말씀을 순종하기를 또다시 꺼린다. 자신의 백성들도 받아들이지 않는 말을 이집트의 파라오도 듣지 않을 것이라고 생각한 것이다.

모세는 아직도 그가 하는 일이 자신의 영역에 속한 능력으로만 이해한다. 그래서 그는 말한다. "나는, 나의, 나를……." 나를 버리고 하나님을 취할 때 하나님의 사람이 된다는 것을 아직도 우리의 모세는 모른다.

·· 모세의 고정 레퍼토리, "나는 입이 둔한 자니이다." ··

모세는 자신이 부족해서 일이 안 된다고 여긴다. 그는 아직도 하나님보다 자신을 의식한다. 손의 지팡이가 뱀이 되고 또다시 나무막대기가 되는 것을 보았지만, 손이 품속을 드나들며 병들었다가 깨끗해지는 것을 보았지만, 그 일을 통해 전능하신 하나님(엘 샤다이)을 알지는 못한다. 거듭 말씀하시는 여호와 앞에서도 그는 연약한 자신이 문제라고 여긴다. 그래서 자신의 연약함에서 눈을 뗄 수가 없다. 자신이 보기에도 가장 부족한 입술에 마음이 묶인다.

그는 거듭 자신은 '입이 둔한 자'라고 소리친다(출애굽기 6:12, 30). 우리가 모세에게서 결코 배워서는 안 될 한 가지는 자신의 연약함에 묶이는 것이다. 모세의 입이 둔한 것이 사실이었다고 하더라도

그들도 사람이었다

하나님을 만남으로 인해 그의 모든 것은 변했다. 굳이 사도 바울의 말씀(고린도후서 5:17)을 빌리지 않아도 그는 하나님으로 인해 새롭게 되었다. 사실 훗날 만난 모세에게서 그가 말 못하는 사람이었다는 사실을 눈치챈 사람은 아무도 없었다. 그것은 과거였다. 과거를 버리면 새것이 된다.

고집쟁이 모세보다 더 대단하신 하나님은 그가 택하신 모세를 끝까지 붙잡고 가신다. 그가 아니면 안 될 것처럼 말이다. 그것이 나에겐 '할렐루야'였다. 나를 끝까지 놓지 않으실 여호와를 나는 찬양한다.

·· 여호와께서 명령하신 대로 행하였더라 ··

택하시는 분은 하나님이시고(때때로 모세의 경우처럼 하나님의 끈질긴 부름이 있다고 하더라도) 사람은 부름을 받지만, 그 일로 인해 하나님의 뜻이 이루어지는 때는 하나님의 말씀이 있고 그 말씀 그대로 따르는 순종이 있을 때다. 그것은 성경의 기록에서 단 한 번의 예외도 없는 일이다.

하나님께서 능력으로 임하시어 이적을 통해 이집트 땅에서 하실 하나님의 역사 앞에서 우리는 하나님의 사람들의 철저한 순종과 행함을 먼저 만난다.

출애굽기 7장 6절에서 우린 "모세와 아론이 여호와께서 자기들에게 명령하신 대로 행하였더라."리는 기사를 접할 수 있고, 12장 28절에서는 "이스라엘 자손이 물러가서 행하되 여호와께서 모세와 아론에게 명령하신 대로 행하니라."라는 말씀을 만날 수 있다. 그리고 12장 50절에서는 "온 이스라엘 자손이 이와 같이 행하되 여호와께서 모세와 아론에게 명령하신 대로 행하였으며"라는 말씀을 찾을 수 있다. 그리고 이어지는 말씀은 다음과 같다.

> "바로 그 날에 여호와께서 이스라엘 자손을 그 무리대로 애굽 땅에서 인도하여 내셨더라(출애굽기 12:51)."

·· 열 가지 재앙 – 하나님 연출, 모세 주연 ··

이집트 땅에 내린 열 가지 재앙은 파라오와 그 백성들에게는 고통의 연속이었지만 모세와 아론에게는 하나님과 한 팀을 이루기 위해 치르는, 프로 야구팀의 동계 훈련과 같은 것이었다. 파라오가 진작 손을 들었다면 그렇게 치명적인 고통과 피해는 피할 수 있었겠지만, 모세의 편에서 볼 때 그 열 번의 퍼포먼스는 모세로 하여금 완벽한 하나님의 사람으로 서는 계기가 된다.

서먹했던 친구들은 함께하는 오랜 여행을 통해 가까워지고 결혼식을 마친 신랑 신부는 신혼여행을 통해 하나가 되어 간다. 이처럼 연출가 하나님과 주연 배우 모세가 함께 찍은 드라마 '열 가지 재앙'을 통해 훗날 모세는 전능하신 하나님과 대면하듯 교제하는 지구상 유일한 사람이 되어 그분과 일체감을 느낀다.

이제 모세는 하나님의 도구인 빛나는 칼이 되었으며, 하나님은 모세에게 남은 삶을 다 바쳐 섬길 여호와가 되었다.

그들도 사람이었다

·· 유월절을 넘어 출애굽 하다 ··

기어이 파라오는 마지막 재앙을 면치 못한다. 그의 완악함이 하나님의 자비를 발로 찼다. 사람이든 짐승이든 처음 난 것들이 하나님의 심판을 피하지 못하는 밤이 왔다. 이스라엘 백성은 양의 피를 문설주 좌우 인방에 바른다. 허리엔 띠를 두르고, 신을 신고, 지팡이를 잡고 그 고기를 불에 구워 누룩을 넣지 않은 빵, 쓴 나물과 함께 먹는다. 같은 시각에 여호와께서는 이집트의 모든 장자와 짐승의 첫 새끼를 치시고 이집트의 모든 신을 심판하신다.

이집트 백성 가운데서 죽임을 당하지 아니한 집이 없었던, 큰 부르짖음으로 나라가 온통 뒤집히던 그날 밤에 이집트의 파라오는 모세와 아론을 급히 불러 하나님의 백성들을 서둘러 그 땅에서 나가게 한다.

이제 모세는 장정만 60만 명이었던 이스라엘 백성들을 이끌고 광야 길을 나선다. 그들은 미처 발효되지 않은 반죽을 담은 그릇을 옷에 싸서 어깨에 메고 40년에 걸쳐 가야 할 여정을 모르는 채 이웃 마을 가듯 그렇게 그 밤에 이집트를 나온다.

앞에서는 끝을 볼 수 없고 뒤에선 앞의 길이가 얼마인지 가늠할 수 없는, 바닷가의 모래알처럼 수많은 사람의 맨 첫 자리에 모세가 서 있다. 하나님의 부르심은 그를 그렇게 백성들의 지도자가 되게 했다.

그는 그렇게 430년이나 종으로 있던 자신의 조국과 백성들을 자유롭게 하기 위한 하나님의 도구로 부름 받았다. 80년 전 갈대 상자 속에서 울던 갓난아기는 이제 팔순의 노인이 되어 고통으로 신음하며 억눌려 고생하던 하나님의 백성들을 이끌고 광야로 나선다.

·· 홍해를 앞에 두고 ··

모세가 이끈 백성들이 이집트를 빠져나오자 파라오는 다시 마음이 변하여 그들을 놓아준 것을 후회한다. 병거를 총동원한 막강한 군대를 앞세워 모세와 이스라엘 백성을 추격한다. 지난날 그들이 섬긴 바로와 그의 군대를 본 이스라엘 백성은 바로의 말발굽 아래에서 죽게 될 자신들을 생각하며 두려움에 모세를 원망한다.

하지만 이것은 이제 시작에 불과하다.

·· 너희는 두려워 말고 가만히 서서 구원을 보라 ··

믿기 어렵고 어떤 이들은 자신의 귀를 의심하게 될지 모르지만 그를 원망하는 이스라엘 백성을 향해 모세는 큰 소리로 이른다.

> "너희는 두려워하지 말고 가만히 서서 여호와께서 오늘 너희
> 를 위하여 행하시는 구원을 보라 너희가 오늘 본 애굽 사람을
> 영원히 다시 보지 아니하리라 여호와께서 너희를 위하여 싸우
> 시리니 너희는 가만히 있을지니라(출애굽기 14:13-14)."

모세는 확실히 변했다. 모든 이스라엘 백성은 들려오는 바로와

그의 군대의 말발굽 소리에 놀라 심장이 떨렸지만 하나님의 사람 모세는 그들을 향하여 '가만히 있으라.'라고 한다.

'가만히 있는 것'은 믿음의 행위이다. 위기의 때에 하나님만 바라고 그 앞에 잠잠히 있는 것은 큰 믿음의 행동이다. 그것은 아무것도 하기 싫어하는 게으름이 아니라 하나님의 약속을 믿고 그의 능하신 손의 역사를 바라는 거장들의 선택이다. 그것은 믿음에서 오는 절대적인 평안이며 다음 단계로 들어가는, 넓게 열린 문이다.

모세는 백성들을 진정시키며 그 숨긴 불안한 가슴을 주님께 내어놓고 부르짖어 기도한다. 하지만 모세를 향해 하나님은 그것도 불필요한 행위라고 말씀하신다.

·· 너는 어찌하여 내게 부르짖느뇨 ··

기도할 때가 있고 움직일 때가 있다. 행해야 할 때 쭈그리고 앉아 기도하는 것은 믿음이 아니다. 믿음으로 기도하되 약속을 붙들고 나아가야 한다. 믿은 대로 행동해야 한다.

하나님은 모세에게 말씀하시기를, "이스라엘 자손들에게 명하여 앞으로 나아가게 하고 (너는) 지팡이를 들고 손을 바다 위로 내밀어 그것이 갈라지게 하라(출애굽기 14:15-16)."라고 하셨다.

이스라엘 백성들의 나아감과 모세가 손을 드는 행동은 동시에 일어나야 한다. 누구도 서로의 눈치를 보며 머뭇거려서는 안 된다. 그 둘은 오로지 여호와의 말씀을 신뢰하여 움직여야 한다.

믿음은 자동차의 열쇠 같아서 넣고 돌려야 한다. 믿음은 들고 이해하되 그 깨달은 대로 시행하여야 한다. 그러면 능력은 나타나고 그 일은 역사가 된다.

·· 모세가 바다 위로 손을 내밀매 ··

모세가 바다 위로 손을 내밀자 여호와께서 큰 동풍으로 밤새도록 바닷물을 물러가게 하셨고, 물이 갈라져 바다가 마른 땅이 되었다. 그들은 갈라진 바닷속을 걷되, 그 발이 빠지지 않았다. 그들은 달빛 은은한 공원 길을 걷듯 바닷속 길을 그 밤에 걸어서 건넜다. 바닷물은 그들에게 좌우의 벽이 되어 주었다.

하지만 이집트 사람들에겐 달랐다. 하나님은 그 새벽에 이집트 군대를 어지럽게 하시며 병거 바퀴를 벗겨 달리기 힘들게 하셨다. 그들은 서로에게 말했다.

“우리가 도망하자 여호와가 그들을 위하여 싸워 (우리) 애굽 사람을 치는도다(출애굽기 14:25).”

하지만 그 판단은 너무 늦었다. 모세가 다시 손을 바다 위로 내밀어 바다의 세력이 다시 회복되었고 이집트의 모든 군대는 수장되었다.

하나님은 그의 종 모세의 손을 사용하시어 놀라운 능력을 드러내셨다. 팔순 노인의 팔과 지팡이를 사용하셨다. 힘없는 손이지만 하나님의 말씀에 순종할 때 그 연약한 손은 능력이 되었다.

그들도 사람이었다

하나님은 오랜 세월 자신의 손으로 사용할 사람을 찾고 계신다. 마치 굶주린 5천 명의 사람을 먹이기 위해 예수님께서 한 소년이 바치는 도시락을 기다리셨던 것처럼, 하나님께서는 그의 마음에 합한 자를 찾기 위해 그 종 모세를 기다리고 기다리셨다.

·· 여호와와 그 종 모세를 믿었더라 ··

"그날에 여호와께서 이같이 이스라엘을 애굽 사람의 손에서 구원하시매 이스라엘이 바닷가에서 애굽 사람들이 죽어 있는 것을 보았더라 이스라엘이 여호와께서 애굽 사람들에게 행하신 그 큰 능력을 보았으므로 백성이 여호와를 경외하며 여호와와 그의 종 모세를 믿었더라(출애굽기 14:30-31)."

세상은 하나님이 쓰시는 사람을 보며 여호와를 경외하고 믿으며, 그 하나님의 일을 보며 하나님의 사람을 신뢰한다.

세상은 크리스천의 말을 듣긴 하지만 그들의 삶에 관심을 가진다. 그렇기에 하나님의 사람들은 삶으로 말하고 그 향기를 행동으로 나타내야 한다. 세상이 하나님을 알고 믿어야 하기 때문이다. 우리 삶의 목적은 하나님을 드러내는 것이다. 그러기 위해서 그분의 말씀에 순종하며 따라야 한다. 우리의 삶이 그분의 메시지가 되게 해야 한다. 그렇기에 우리의 삶은 크고 위대해야 하며, 그렇기에 우리에겐 더 큰 순종이 있어야 한다.

·· 모세의 노래 ··

이집트 군사의 시체들이 해안에 밀려오는 광경 속에서 이스라엘은 노래를 불렀다. 그들의 하나님, 여호와께 찬양을 올린다. 그들은 이 노래를 여호와께 올려 드리지 않고서는 그 해안을 떠날 수 없었다. 어찌 위대하신 그분의 영광을 높이지 않을 수 있었겠는가.

모세는 시인이고 음악가였다. 40년을 먼지 나는 벌판을 돌아다니며 장인의 양을 쳤던 모세의 가슴에 시(詩)라곤 없었다. 매일 그 땅이 그 땅 같은 미디안 광야를 돌아다니던 꿈 없는 중년과 힘없는 노년을 보낸 모세의 영혼에 노래가 깃들었을 리가 없다.

하지만 모세는 이제 영감 넘치는 시인이 되었고 기름 부으심이 넘치는 음악가가 되었다. 어찌 홍해를 건너는 그 밤을 지나고서 그의 가슴이 시로 가득 차지 않았겠으며, 어찌 그의 영혼이 영혼을 소성하게 하는 노래로 흘러넘치지 않았겠는가.

사람은 영감이 없으면 시를 쓸 수 없고, 감동이 없으면 노래할 수 없다. 영감은 하나님으로부터 흐르고, 감동은 하나님을 만난 사람만이 가질 수 있다. 그래서 영감 없이 쓴 세상의 시들은 저속하고, 감동 없이 만들어진 노래들은 그것이 CCM이라 하더라도 추하기까지 하다.

이제 위대한 시인이자 음악가인 모세의 노래를 들어 보자. 아니, 함께 그의 하나님이자 우리의 하나님인 그분을 소리 높여 찬양하자. 홍해를 여신 위대한 여호와 앞에 예배자가 되어 나아가자.

그들도 사람이었다

"내가 여호와를 찬송하리니

I will sing to the LORD,

그는 높고 영화로우심이요

for he is highly exalted.

말과 그 탄 자를 바다에 던지셨음이로다.

The horse and its rider he has hurled into the sea.

여호와는 나의 힘이요 노래시며 나의 구원이시로다.

The LORD is my strength and my song, he has become my salvation.

그는 나의 하나님이시니 내가 그를 찬송할 것이요

He is my God, and I will praise him,

내 아버지의 하나님이시니 내가 그를 높이리로다.

my father's God, and I will exalt him.

여호와는 용사시니 여호와는 그의 이름이시로다.

The LORD is a warrior, the LORD is his name.

그가 바로의 병거와 그의 군대를 바다에 던지시니

Pharaoh's chariots and his army he has hurled into the sea.

최고의 지휘관들이 홍해에 잠겼고

The best of Pharaoh's officers are drowned in the Red Sea.

깊은 물이 그들을 덮으니 그들이 돌처럼 깊음 속에 가라앉았도다.

The deep waters have covered them, they sank to the depths like a stone.

여호와여 주의 오른손이 권능으로 영광을 나타내시니이다.

Your right hand, O LORD, was majestic in power.

여호와여 주의 오른손이 원수를 부수시니이다.

Your right hand, O LORD, shattered the enemy.

주께서 주의 큰 위엄으로 주를 거스르는 자를 엎으시니이다.

In the greatness of your majesty you threw down those who opposed you.

주께서 진노를 발하시니 그 진노가 그들을 지푸라기같이 사르니이다.

You unleashed your burning anger, it consumed them like stubble.

주의 콧김에 물이 쌓이되

By the blast of your nostrils the waters piled up.

파도가 언덕같이 일어서고

The surging waters stood firm like a wall.

큰 물이 바다 가운데 엉기니이다.

The deep waters congealed in the heart of the sea.

그들도 사람이었다

원수가 말하기를 내가 뒤쫓아 따라잡아 탈취물을 나누리라.

The enemy boasted, 'I will pursue, I will overtake them.

I will divide the spoils.

내가 그들로 말미암아 내 욕망을 채우리라.

I will gorge myself on them.

내가 내 칼을 빼리니 내 손이 그들을 멸하리라 하였으나

I will draw my sword and my hand will destroy them.

주께서 바람을 일으키시매 바다가 그들을 덮으니

But you blew with your breath, and the sea covered them.

그들이 거센 물에 납같이 잠겼나이다.

They sank like lead in the mighty waters.

여호와여 신(神) 중에 주와 같은 자가 누구니이까?

Who among the gods is like you, O LORD?

주와 같이 거룩함으로 영광스러우며 찬송할 만한 위엄이 있으며 기이한 일을 행하는 자가 누구니이까?

Who is like you-majestic in holiness, awesome in glory, working wonders?

주께서 오른손을 드신 즉 땅이 그들을 삼켰나이다.

You stretched out your right hand and the earth swallowed them.

주의 인자하심으로 주께서 구속하신 백성을 인도하시되

In your unfailing love you will lead the people you have redeemed.

주의 힘으로 그들을 주의 거룩한 처소에 들어가게 하시나이다.

In your strength you will guide them to your holy dwelling.

여러 나라가 듣고 떨며 블레셋 주민이 두려움에 잡히며

The nations will hear and tremble, anguish will grip the people of Philistia.

에돔 두령들이 놀라고

The chiefs of Edom will be terrified,

모압 영웅이 떨림에 잡히며

the leaders of Moab will be seized with trembling,

가나안 주민이 다 낙담하나이다.

the people of Canaan will melt away,

놀람과 두려움이 그들에게 임하매

terror and dread will fall upon them.

주의 팔이 크므로 그들이 돌같이 침묵하였사오니

By the power of your arm they will be as still as a stone

그들도 사람이었다

여호와여 주의 백성이 통과하기까지

곧 주께서 사신 백성이 통과하기까지였나이다.

until your people pass by, O LORD, until the people you

bought pass by.

주께서 백성을 인도하사

You will bring them in

그들을 주의 기업의 산에 심으시리이다.

and plant them on the mountain of your inheritance-the

place.

여호와여 이는 주의 처소를 삼으시려고 예비하신 것이라

O LORD, you made for your dwelling, the sanctuary,

주여 이것이 주의 손으로 세우신 성소로소이다.

O LORD, your hands established.

여호와께서 영원무궁하도록 다스리시도다.

The LORD will reign for ever and ever."

- 출애굽기 15:1-18, NIV

　　나는 이 모세의 시(詩)를 읽고 또 읽었다. 위대한 하나님의 사람인
모세의 노래가 나의 노래가 되도록 소리 내어 읽었다. 나는 이 노래
를 부르며 홍해 위를 떠다니는 이집트 군대의 시체들을 보는 듯했
으며, 부서져 가라앉은 그들의 병거를 보는 듯했다.

그날 해안에서 울려 퍼졌던 노래는 그들만의 노래가 아니었다. 그 것은 하나님을 아버지로 둔 모든 자녀의 노래였고 여호와 하나님을 신으로 섬기는 세상 모든 이들의 노래였다.

어찌 이 놀라운 감동의 노래가 한 번만 불리어지고 화석이 되겠는가. 이 노래는 성령님의 작품이었다. 하나님께서 그날 홍해를 여셨고 그 바닥을 말리셨으며 그의 백성은 하나님의 품속 같은 바다를 건넜다. 그리고 하나님의 영이 모세를 감동시켰고 모세와 백성은 위대하신 하나님을 찬양했다.

나는 독자들에게 이 모세의 노래를 다시 새로운 마음으로 읽고 묵상하기를 권한다. 묵상의 의미는 외운 말씀을 읊조리는 것이다. 이 노래를 읽고 또 읽고 외워서 그것을 주야로 읊조리기를 바란다. 당신이 그날 해안을 울렸던 이 노래를 부른 장엄한 성가대의 한 사람임이 느껴지도록 읽고 외우고 또 묵상하기를 나는 간절히 바란다.

어떤 아름다운 노래라 하더라도 우리의 하나님을 노래하기엔 부족하지만 한 사람이 부르는 노래는 그 사람이 누구인지를 설명한다. 팝 가수 마이클 잭슨에게는 마이클 잭슨의 노래가 있어 그 노래가 그의 삶을 말하는 것처럼, 사람들에겐 각자의 노래가 있어 그들의 삶을 반영한다.

나는 지금 잠시 독자들이 사람이 쓴 이 책을 덮고 위대하신 하나님 앞에 나아가 이제껏 자신과 함께한 그분의 손길을 상고하며 자신의 노래를 부르기를 바란다. 모세와 함께 그의 하나님을 노래하고 모세와 함께 당신의 하나님을 찬양하라. 사람들은 승리의 때에 승리의 노래를 부르지만 나는 승리를 원할 때 승리의 노래를 부른다.

·· 하지만 사흘 후 ··

홍해에서 불렀던 노래가 아직 그들의 귓전에 맴돌았지만 그들은 목이 말랐다. 바닷길에서 나와 수르 광야로 들어가 사흘 길을 걸었지만 그들은 물을 얻지 못했다.

세상 최고의 기적을 경험한 것이 단 사흘 전의 일이었지만 그들은 인생의 목마름에서 오는 컬컬함을 경험해야만 했다. 보리떡 다섯 개와 물고기 두 마리로 오천 명을 먹이시는 그리스도의 기적의 벌판에서 그 떡을 직접 나르고 자신들의 배도 불리었지만 바로 그날 밤 호수의 폭풍에 시달렸던 제자들처럼 수르 광야 모세의 사람들도 기적 뒤의 고난을 경험해야만 했다. 마라에 이르러 물을 찾았지만 너무나 써서 사흘 동안 아무것도 마시지 못한 그들도 그 물을 도저히 삼킬 수가 없었다.

때로 인생의 고난은 더욱 심화하고 악화할 수가 있다. 인내심 큰 믿음의 사람들의 참았던 울분이 터지는 것은 바로 이곳 마라에서이다.

그러나 조심하라. 슬퍼하되 원망해서는 안 된다. 원망은 터뜨리는 것이고 외부로 표현하는 것이다. 그것은 다시 담지 못하고 그 누구를 향한 것이든 하나님이 들으신다. 하지만 슬프게도 이스라엘 백성은 모세를 원망했다(출애굽기 15:24).

·· 한 나무를 지시하시니 ··

백성의 원망을 들은 모세는 그들에게서 떠나와 여호와께 부르짖었다. 지도자가 될 수 있는 사람은 모세처럼 사람들이 그에게 원망을 돌릴 때 그들을 향하여 핑계를 대거나 논쟁하는 사람이 아니라 전능하신 분께 그 사실을 아뢰는 사람이다.

부르짖는 모세에게 전능하신 하나님은 한 나뭇가지를 보여 주셨고 모세는 그것을 쓰디쓴 물에 던졌다. 그러자 그 물은 즉시 단물로 변했고 백성들은 그것을 마셨다.

나는 이 사건에서 하나님의 세밀한 메시지를 읽는다. 이집트에서 끌어내어 광야로 인도한 그의 백성들을 하나님은 어떤 식으로 다루어 약속의 땅, 가나안에 이르게 할 것인지를 보여 주신 것이라고 나는 생각한다.

광야의 길은 고난이 있을 것이고 그래서 불평하는 것은 당연한 일이지만 전능하신 하나님을 바라보며 약속의 땅을 향해야 한다. 쓴 물이 있었기에 한 나뭇가지를 보여 주신 것처럼, 고난의 때에 하나님만 의지하는 성숙함을 하나님의 사람들은 훈련해야 한다. 쓴 물이 솟아나는 땅엔 그 물을 달게 하는 나무도 함께 자란다.

·· 그들을 위하여 법도와 율례를 정하시고 ··

홍해를 기적적으로 건너고 목마름을 기적적으로 해결한 그들을 위하여 하나님은 법도와 율례를 정하셨다. 그것은 전적으로 그 백성들을 위함이었다. 그것은 마치 상(賞)을 주기 위해 알아맞힐 문제를 내는 것과 같은 일이었다. 그것은 시험(test)이지 유혹(temptation)이 아니다.

하나님은 에덴동산에 선악을 알게 하는 지식의 나무를 세우신 것도 바로 같은 맥락이었다고 나는 굳게 믿는다. 하나님이 친히 만드신 그 아름다운 동산을 영원히 누리기 위한 조건은 그 나무의 실과를 따 먹지 않는 일이었다. 그것은 단지 어린아이에게 귀한 것을 거저 부어 주는 것이 사랑이 아니라 아이를 가르치고 훈련하여 귀한 것들을 귀하게 받고 그것을 끝까지 붙들고 누리기를 원하는 것이 부모의 참된 사랑인 것과 같다.

악의 근원인 사탄의 영향 아래 있는 사람들은 끝없이 '왜 하나님은 그 나무를 만드시어 그것도 동산 가운데 두었는가?'라고 묻는다. 하지만 그것은 '왜 하나님은 그렇게도 아름다운 동산과 맛난 과일나무들을 우리에게 주셨는가?'라고 묻는 것과 같다.

그것은 그분의 마음이다. 내가 알기로 하나님은 그 어떤 것이든 그것을 누릴 만한 사람들에게 허락하시는 분이다. 복은 그 복을 받을 만한 사람들이 받는다. 그것이 '구원'에 관한 일일지라도 구원은 '그리스도를 믿는' 사람들에게 주어지는 것이다. 믿음이란 그저 관념으로서의 믿음이 아니라 그 믿음에 따르는 실제적인 삶을 말한다.

나는 '믿음으로 구원받고 (율법을) 순종함으로 복을 받는다.'라는 명제를 믿는데, 그 믿음도 행위로 옮겨지지 않으면 헛된 믿음이고 아무것도 아니다. 그래서 하나님은 백성들에게 복 주시기를 원하시어 백성들이 지킬 자신의 법도와 규례를 정하셨다.

우리 속담에 '내 자식은 때리면 내 품속으로 달려들지만 남의 자식은 때리면 멀리 달아난다.'라는 말이 있듯이, 하나님의 복을 받을 하나님의 사람들은 하나님의 법도와 규례 속으로 뛰어들어야 한다.

> "너희가 너희 하나님 나 여호와의 말을 들어 순종하고 내가 보기에 의를 행하며 내 계명에 귀를 기울이며 내 모든 규례를 지키면 내가 애굽 사람에게 내린 모든 질병 중 하나도 너희에게 내리지 아니하리니 나는 너희를 치료하는 여호와임이라(출애굽기 15:26)."

·· 물 샘 열둘과 종려 칠십 주 ··

그들이 엘림에 이르렀을 때에 열두 개의 샘들과 종려나무 일흔 그루를 만난다. 수르 광야에서 극도의 목마름을 경험하고 마라에서는 쓴 물을 만났던 그들은 쓴 물이 단물이 되는 것을 체험한 그 현장에서 하나님의 법도와 율례를 받는다.

하나님은 자신이 어떠한 분인가를 보이신 후 그의 백성들에게 지킬 법을 주셨다. 그것은 마치 위대한 에덴동산을 만드시고 그 동산의 모든 것을 아담에게 주신 후 그것을 영원토록 누리기 위해서는 따 먹지 말아야 할 '선악을 알게 하는 지식의 나무'를 지정하신 것과 같은 일이다.

주의 법도와 율례를 받은 모세의 백성들은 그다음 기착지 엘림에서 열두 개의 샘과 일흔 그루의 종려나무를 만나 맘껏 목을 축이고 달콤한 그늘의 쉼을 즐긴다. 하나님의 법도를 소중히 여기는 사람

그들도 사람이었다

은 종려나무 그늘의 안식을 누리며, 그 법도 안에 있는 사람은 열두 샘의 생수를 그 인생으로 끌어들일 수 있다.

·· 만나와 메추라기 ··

이스라엘 백성이 바로의 이집트를 떠나온 지 두 달하고도 보름이 지났을 때 그들은 엘림과 시내산 사이의 신(Sin) 광야에 이르렀다. 그들이 이집트에서 가지고 나온 떡 덩이와 반죽이 동나자 그들은 또 모세를 원망했다. 그들은 여호와께 구하고 모세에게 의논하는 방법이 있음에도 불구하고 그대로 원망했다.

사람들은 기도보다 낙담하고 원망하는 일을 쉽게 한다. 기도는 믿음의 표현이지만 원망은 불신의 구체적인 행동이다. 사람을 향한 원망은 하나님의 등에 침을 뱉는 행위이다. 그들은 모세를 원망했지만 그것들은 하나님을 향해 날아갔다.

하지만 하나님이 누구신가. 원망하는 이스라엘 백성에게 만나와 메추라기를 내리셨다. 저녁 광야엔 메추라기가, 아침엔 하얀 만나가 그 벌판을 덮었다. 하나님은 자신의 백성들의 40년 광야 생활을 위하여 만나와 메추라기를 준비해 놓으셨지만 이스라엘은 그 엄청난 축복의 테이프를 원망으로 끊었다.

·· 만나의 법칙 – 매일 먹을 만큼만 이것을 거둘지니 ··

만나와 메추라기는 날마다 내렸다. 그래서 이스라엘은 날마다 그 벌판으로 나가야 했다. 한 사람분의 만나는 한 오멜(약 1.3되)이었다. 그 벌판엔 매일 삼백만 되(7백만 리터)나 되는 만나가 내렸다. 위대한 하나님의 능력이 그 벌판에 내렸지만 우매한 그들은 하나님을 시험했다.

만나는 먹을 만큼씩 매일 거두어야 했다. 하나님의 은총은 날마다 내린다. 그것은 다음 날을 위해 모아 둘 필요가 없다. 하나님은 그의 복을 날마다 내리시며 그의 백성들을 날마다 만나기를 원하신다. 그들이 허리를 굽히고 고개 숙여 만나를 거두며 그들의 하나님 여호와를 생각하기를 하나님은 원하셨다. 그래서 그리스도께서도 날마다 일용할 양식을 구할 것을 그의 기도에서 가르치셨다.

"오늘 우리에게 일용할 양식을 주시옵고(마태복음 6:11)."

그런데 그의 백성 이스라엘은 하나님의 마음을 알지 못했다. 그들은 오늘과 동일하게 내일도 함께하시는 그들의 하나님을 신뢰하지 못한 채 욕심을 내어(욕심은 '여호와 이레'의 하나님을 신뢰하지 못하는 패역한 자들의 습성이다) 지나치게 만나를 거둠으로써 다음 날 그것들을 썩게 했다. 욕심은 하나님의 은총을 거름 더미에 던지는 행위이다.

그것뿐만이 아니었다. 하나님은 일주일의 여섯째 날엔 다음 날의 몫까지 거두라고 모세를 통해 명하셨지만 그들은 지난 닷새의 경험에 의지하여 그 말씀을 순종하지 않았다.

자신의 경험만을 의지하는 것은 크고 위대하신 하나님의 능력을

그들도 사람이었다

제한하는 바보 같은 짓이다. 하나님은 필요치 않은 존재가 되고 항상 자신만을 신뢰하는 그들은 늘 허덕이는 삶을 살게 된다. 하나님은 사람이 땀 흘리는 노동을 귀히 여기시지만, 그의 백성이 그분과 더불어 안식하는 복을 누리기를 원하신다.

세상 사람들은 안식을 모르고 늘 바쁘지만 그들의 시간은 늘 모자란다. 하지만 안식하는 하나님의 백성은 늘 여유롭고 그들의 삶은 항상 싱싱하다. 창조주이신 하나님은 그 비밀을 아신다.

·· 홍해를 건너 요단에 이르기까지 ··

홍해를 건너 요단강까지 도보로 일주일이면 당도할 거리를 이스라엘 백성은 40년을 걷고 걸었다. 하나님은 왜 그들에게 그러한 길을 허락하셨을까. 그분은 그 오랜 세월을 통해 무엇을 가르치시기를 원하셨을까. 백성의 지도자로 선택하신 모세의 역할은 무엇이었을까.

홍해는 아무나 건넌다. 홍해를 건너는 조건은 모세의 뒤만 따르는 것이다. 홍해를 건너면 바로의 땅, 이집트를 탈출하는 것이다. 그것은 사탄에게 속한 세상에서 탈출하여 하나님의 백성이 되는 것을 의미한다. 홍해는 아무나 건널 수 있다. 그래서 자신이 좋아하는 모든 것을 지닌 채 그 바다를 건널 수 있다. 예수를 믿고 세례를 받는 것도 아무나 할 수 있다. 이스라엘 백성들은 양과 소를 몰았고 미처 숙성되지 못한 떡 반죽을 어깨에 멨으며 이집트 사람들에게서 얻은 은금 패물과 의복을 챙겼다. 그들은 세상에 속한, 육체를 즐겁게 하는 모든 것들을 가지고 그 바다를 건넜다.

하지만 그들이 가진 떡 반죽은 사흘 양식이 되지 못했고 그들이 지닌 은금 패물은 헛된 신을 주조하는 데 사용될 뿐이었다. 홍해를 건넌다고 곧바로 가나안으로 들어가는 것이 아니다. 홍해는 사람들로 하여금 광야로 가는 길을 열어 줄 뿐이다.

·· 하지만 요단강은 아무나 건너지 못한다 ··

하나님의 사람 모세는 광야 40년 동안 하나님의 계명과 율법을 그 백성들에게 전해 주었다. 모세를 통해 전해진 여호와의 말씀이 이스라엘로 하여금 가나안을 건너게 하는 패스워드(password)였다.

하나님은 백성들이 광야를 지나는 동안 먼지밖에 없는 그 땅에서 기적을 베푸시어 그들을 먹이셨다. 40년 동안 그들의 의복이 낡지 않게 하셨으며, 그들의 타는 목마름에 바위샘을 터트려 생수를 마시게 하셨다. 아무 생명도 살아갈 수 없는 벌판에서 그분은 전능자로 그의 백성과 함께하셨고 그 백성을 복 주시기 위해 그의 계명을 주셨다.

광야의 불 뱀에게 물려 죽음에 직면한 그들에게 놋 뱀을 매달게 하여 생명을 주신 것처럼, 여호와의 법을 주시어 그것을 날마다 읽고 외우고, 외운 말씀을 주야로 묵상하고 기록된 대로 다 지켜 행하면 그들의 길을 평탄하게 하셨다. 그들이 무엇을 하든지 형통하게 하기 위해 그의 법과 규례를 백성에게 주신 것이다.

홍해는 조건 없이 건넜지만 약속의 땅 가나안으로 들어가는 일

그들도 사람이었다

은 하나님의 율법을 따라야 한다. 이집트에서 홍해를 건널 때는 그들에게 여호와의 율법이 존재하지 않았지만, 광야를 지나면서 하나님은 그들에게 율법을 주셨고 이제 그들 공동체엔 법궤가 있다.

·· 여호와의 언약궤가 요단강 물을 가르다 ··

40년 동안 이스라엘 백성들은 광야를 지났다. 그들은 그저 광야를 걷는다고 여겼지만, 하나님은 광야에서 그들에게 말씀을 주셨다. 그들은 그저 광야에서 살아야 할 인생이라고 믿었지만 하나님은 그들에게 율법을 가르치셨다. 그들은 매일 살기 위해 허리를 굽혀 만나를 주워 먹었지만 하나님은 그들에게 생명으로 이끌 규례를 주셨다.

하나님은 그의 백성들을 약속의 땅으로 이끄시고 복 주시려 마음에 새기고 삶으로 지킬 축복의 법을 주셨지만, 백성들은 여호와의 마음을 잘 알지 못해 불순종으로 광야에서 죽어 갔다. 기적의 생수를 마시고 하늘에서 떨어지는 만나를 매일 먹었지만 그들은 기적의 광야에서 그들의 삶을 끝내고 있었다. 요단강은 아무에게 열리는 강이 아니었다.

·· 모세의 길, 거장의 길 ··

이집트의 나일강 강가의 신음하는 하나님의 백성들을 이끌고 홍해를 건너 광야 길을 걸으며 하나님으로부터 율법을 받아 백성들에게 그것을 전하며 가르쳤던 모세에게는 요단강이 내려다보이는 느보산까지가 그가 허락받은 길이었다.

그는 하나님의 법을 백성에게 전하는 이스라엘의 율법이요 선지자였다(누가복음 16:29). 그는 하나님의 백성들을 위해 선택된, 하나님의 말씀을 맡은 자였다(로마서 3:2). 그런 그를 위해 하나님께서도 그와 대면(對面)하여 말씀하시기를 기뻐하셨다(출애굽기 33:11). 모세는 주의 영광의 얼굴에서 나오는 광채를 본 이 세상 유일한 사람이 되었다.

그는 요단강을 건널 만한 유일한 사람이었지만 백성들을 그곳으로 인도하는 것으로 기뻐한 선지자 중의 선지자였다.

·· 모세의 40년, 여호수아의 사흘 ··

그는 광야에서의 40년을 한결같이 여호와를 공경하고 그의 백성들을 섬기고도 가나안 땅으로 초대받지 못했다. 그러나 그 40년을 후회하지 않았다. 도리어 백성들을 염려하여 제자였던 여호수아를 택해 그의 지팡이를 물려주며 혼신의 힘을 다해 축복했다. 그런 그는 과연 위대한 하나님의 사람이었다. 40년을 딛고 그의 축복을 받은, 그의 수종자였던 여호수아는 그의 백성을 인도해 사흘 만에 요단강을 건넜다. 모세의 40년이 있어 여호수아의 사흘이 있었다. 이토록 영적인 계승은 아름답고도 위대한 결과를 가져온다.

그들도 사람이었다

•• 아! 모세 ••

　남보다 늦은 팔순의 나이에 부르심을 받았지만, 그는 자신의 습성이나 경험에 고정되지 않았다. 그는 하나님의 말씀을 따라 순종했고 하나님의 백성을 자신보다 사랑했다(출애굽기 32:32). 그의 사역은 첫날부터 한결같았고 열정은 끝날까지 변함이 없었다. 그리고 무엇보다 그의 최고의 관심은 여호와 하나님이었다.

　결코 그에게선 삯꾼들에게서 나는 냄새를 찾아볼 수가 없었고 프로(professional) 사역자들에게서 흔히 발견되는 교만도 없었다. 그는 늘 백성을 사랑하기에 끙끙거리고 하나님 앞에선 항상 몸 둘 바를 모른다. 그는 상전을 섬기듯 늘 사람들을 대했고 매일매일을 늘 마지막 살 듯 하나님 앞에 섰다.

•• 그는 이 시대의 그리스도와 같았다 ••

　하나님의 아들이 하신 일을 하며 그보다 더 큰일을 할 것이라는 그리스도의 예언(요한복음 14:12)이 있기도 전에 이를 성취한 그는 이 땅에서 하나님의 사람으로 살다 간 몇 안 되는 사람 중의 하나였다. 부름받은 첫날, 그의 하나님이 그에게 하신 "내가 너와 함께하겠다(출애굽기 3:12)."라는 말씀은 "너를 이 땅에서 하나님처럼 되도록 하겠다!"라는 해석이 가능하다. 그런 그를 보며 사람들은 하나님을 생각했고, 하나님은 그를 통해 그의 땅을 사랑하셨다.

　나도 그와 같이 이 땅을 살고 싶다. 나는 위대한 하나님의 사람,

모세의 삶을 살피며 내 속에서 거룩한 욕망이 솟아오르는 것을 제어하기 힘들었다. 이제 모세와 작별하며 내 마음의 소원을 밝히려 한다. '나도 그와 같이 이 땅을 살고 싶다.'

그들도 사람이었다

제 3 부

너무나 인간적인 하나님의 사람,
다윗

골리앗을 돌팔매로 이긴 어린 목동 다윗

·· 다윗이란 이름 ··

자신이 목자이면서도 그에게는 목자가 있었고, 자신이 왕이었으면서도 그에겐 왕이 있었다.

세상 이름들 가운데 가장 아름다운 이름은 무엇일까? 성경에 가장 많이 언급되는 이름은 '다윗'이다. 이 세상 남자의 이름 중 가장 흔한 이름도 다윗(David)일 것이다. 그만큼 사람들은 다윗이란 이름을 사랑한다. 그 이름의 뜻은 '사랑받는 자'이다.

·· 사무엘이 찾아온 그날 ··

선지자 사무엘이 기름을 가득 채운 뿔을 들고 베들레헴에 있는 이새의 집을 찾은 날, 다윗은 아버지의 양을 먹이느라 벌판에 있었다. 아버지 이새는 아들들을 급히 집으로 불러들였지만 막대 다윗은 그날 부름을 받지 못했다.

·· 내가 이미 그를 버렸노라 ··

엘리압은 늙은 남자가 보아도 반할 만한 남자였다. 그의 용모

그들도 사람이었다

(appearance)와 큰 키는 존경받는 연로한 선지자마저 혹하여 왕으로 기름을 부을 뻔하게 했다. 그런 멋진 사람이었다. 하지만 하나님은 그를 선택하지 않으셨다. 대신 하나님은 "내가 이미 그를 버렸노라(사무엘상 16:7)."라고 잘라 말씀하셨다. 왜 하나님은 이새의 장자 엘리압을 버리셨을까?

하나님이 사무엘을 이새의 집으로 보내 새로운 왕을 준비시키신 이유는 선대의 왕 사울을 하나님이 버리셨기 때문이었다. 그에 앞선 장인 사무엘상 15장의 기록을 보자.

> "왕(사울)이 여호와의 말씀을 버렸으므로 여호와께서 왕을 버려 이스라엘 왕이 되지 못하게 하셨음이니이다(사무엘상 16:26)."

이스라엘의 첫 번째 왕 사울은 여호와의 말씀을 버렸고 여호와는 사울 왕을 버렸다. 이때 사용된 두 번의 '버리다.'라는 부분의 원어 성경 동사는 동일한 단어다. 하나님이 사울을 버리신 것은 사울이 하나님의 말씀을 버렸기 때문이다. "이미 그(엘리압)를 버렸노라."라는 부분에 사용된 단어 역시 동일하다. 그렇다면 왜 하나님은 엘리압을 버리셨을까?

.. 광야에서 그는 어떤 삶을 살았나 ..

그는 아버지의 양을 치는 목자였다. 한번 집을 나서면 오랜 날을 벌판에서 양들과 함께 살아가는 목자였다. 엘리압은 자신의 막대기가 가리키는 곳을 따라 움직이는, 말 못 하는 양들과 벌판을 배회하며 간혹 스치는 자신과 같은 목자들과 눈인사를 나누는 목자였다. 아버지의 양을 치지만 벌판에 있을 때는 자신이 왕이었고 함께 있는 아버지의 아들 중에서 그는 맏형이었다.

그의 이름 '엘리압'의 뜻은 '아버지의 하나님'이다. 그 아버지는 장자를 낳아 그의 하나님을 자식에게 물려주었다. 그러나 이새의 맏아들 엘리압은 아버지의 마음을 소중히 여기지 않았을 뿐만 아니라 그 아버지의 하나님도 귀히 여기지 않았다.

·· 도대체 그가 어떻게 살았기에 ··

양들이 있는 광야엔 사자도 나타났고 곰도 나타났다. 맹수들은 늘 아버지의 양들을 노렸다. 전쟁터엔 두 종류의 사람이 있다. 싸우려는 사람과 도망가려는 사람이다. 싸우려는 사람은 늘 전쟁에서 이기고, 도망가려는 사람은 늘 진다. 싸우려는 사람에겐 '하나님'이 있고 도망가려는 사람에겐 '자신(自身)'이 있다.

목자들이 싸워야 할 대상은 맹수 말고도 추위와 더위가 있었다. 벌판이 노리는 것은 양뿐만이 아니었다. 목자도 타깃이었다. 진기한 물건과 호기심을 자극하는 별의별 상품을 싣고 다니는 인근 나라의 대상(隊商)들도 그들을 유혹했다. 건너편 벌판에서 양을 먹이는 여성 목자들도 유혹의 대상이었다.

우린 엘리압의 비행(非行)에 대해 알지 못한다. 요셉이 아버지에게 낱낱이 고했던 형들의 잘못(창세기 37:2)이 가나안 벌판을 더럽힌 것

그들도 사람이었다

처럼, 이새의 큰아들 엘리압은 자신이 서 있는 벌판에서 하늘을 향하여 고개를 들지 못했을 것이 분명하다.

그래서 그 아버지의 하나님은 그를 버렸다. 그리고 이새의 둘째 아들 아비나답부터 일곱째 아들에 이르기까지 모든 아들이 사무엘 앞을 지나갔지만 하나님은 그분의 선지자를 통해 그의 기름병을 기울여 그들의 머리에 쏟아붓지 않았다.

그날 이새의 일곱 아들은 갑자기 불어닥친 왕이 될 기회에 놀라 가슴 뛰었지만, 그들에게 그것은 그렇게 끝이 났다. 그저 해프닝이었다. 특히 이새의 장자 엘리압은 이스라엘의 두 번째 왕이 될 절호의 기회에서도 기득권을 가진 듯했지만, 인류의 역사에서 더러 보듯이 기득권이 늘 적중하는 것은 아니다.

·· 다윗의 벌판 ··

형들이 아버지의 양을 치느라 서성이는 벌판에서 멀리 떨어진 곳에 있던 것은 아니었지만, 다윗의 벌판은 달랐다. 그는 자신이 어리고 약한 목동임을 잘 알았기에 자신을 치는 목자, 하나님을 늘 의지했다. 그는 항상 자신이 양들에게는 벌판의 다른 목자들보다 부족하다는 것을 잘 알았다. 그래서 자신을 지키시는 부족함 없는 목자를 모시고 항상 그를 노래했다.

"여호와는 나의 목자시니 내게 부족함이 없으리로다(시편 23:1)."

그가 양들을 위해 푸른 풀이 있는 벌판을 찾아 나설 때 그리고 양들에게 마시울 시내를 찾을 때도 그는 노래했다.

> "그가 나를 푸른 풀밭에 누이시며 쉴 만한 물가로 인도하시
> 는도다(시편 23:2)."

그는 양들뿐만 아니라 자신의 영혼을 돌보는 목동이었다.

> "내 영혼을 소생시키시고 자기 이름을 위하여 의의 길로 인도
> 하시는도다(시편 23:3)."

잃어버린 양을 찾아 비탈길을 오르고 골짜기를 헤맬 때도 그는 노래를 멈추지 않았다.

> "내가 사망의 음침한 골짜기로 다닐지라도 해를 두려워하지
> 않을 것은 주께서 나와 함께하심이라(시편 23:4)."

그의 노래는 해가 지고 어둠이 몰려오는 벌판에 울려 퍼지는 메아리가 되었고, 새벽 벌판을 깨우는 수도원의 종소리처럼 육체와 영이 피곤한 목자들을 깨우는 기도 소리가 되었다.

> "주의 지팡이와 막대기가 나를 안위하시나이다 주께서 내 원
> 수의 목전에서 내게 상을 차려 주시고 기름을 내 머리에 부으셨

으니 내 잔이 넘치나이다(시편 23:4-5)."

그는 자신이 영원히 살 곳이 이 벌판이 아니라 그분이 계신 곳, 주님의 집임을 알았기에 바람 휘몰아치고 햇볕 내리쬐는 벌판에서 거룩히 살 수 있었다.

"내 평생에 선하심과 인자하심이 반드시 나를 따르리니 내가
여호와의 집에 영원히 살리로다(시편 23:6)."

그의 벌판은 형들의 벌판과는 달랐다.

·· 아버지도 몰랐던 그의 벌판 ··

이스라엘의 가장 큰 어른이자 선지자였던 사무엘이 이새의 집이 있는 베들레헴을 찾아왔을 때 그 성읍 장로들은 떨었다(사무엘상 16:4). 자신의 아들 가운데서 장차 왕이 나올 것을 들은 이새 또한 두려움과 흥분을 감추지 못했을 것이다. 그래서 그는 벌판에 나가 있는 아들들을 속히 불러들였다.

하지만 아버지 이새는 다윗을 부르지 않았다. 베들레헴에 온 위대한 지도자 사무엘이 장로들과 이새 그리고 그의 아들들과 함께 제사를 지낼 때 다윗은 벌판에서 양을 지키고 있었다(사무엘상 16:11).

이새에게 다윗은 여덟 아들 중 하나였다. 그리고 그는 막째였다. 아버지에게 다윗은 다른 아들과 하나도 다르지 않은 한 명의 아들

이었다. 그러나 중심을 보시는 하나님께 다윗은 다른 아들이었다. 비록 그가 그 제사에 초대받지 못하고 벌판에 머물러 있었지만, 하나님이 보시는 제사는 그곳에 있었다. 다윗이 없는 제사가 진정한 제사가 아님을 안 지혜자 사무엘은 다윗을 불러올 것을 엄히 말했고 이새는 그를 위해 사람을 보낸다.

·· 예배에도 실패자가 있고 실패하는 예배도 있다 ··

하나님은 예배할 필요가 없으신 분이다. 그래서 그분은 아무에게도 예배하지 않으신다. 예배는 우리가 하는 것이다. 우리가 우리의 여호와이신 그분께 드리는 것이 예배이다. 영이신 그분 앞에 우리가 영으로(in spirit) 조아릴 때 예배가 되는 것이다. 진리(in truth)가 죽은 곳에선 예배가 일어날 수 없다. 예배에도 실패가 있고 실패자가 있다. 예배자가 없는 곳에선 예배도 일어나지 않는다.

그날 베들레헴의 제사는 다윗이 도착하고 나서야 시작되었다. 그날의 제사에서 다윗은 제물(祭物)이었다. 그 제물에 제사장 사무엘은 기름을 부었고 그 제물을 하나님께서는 흠향하셨다. 예배의 세 요소는 예배를 받으시는 하나님과 그분께 바쳐질 제물, 그 위에 붓는 기름이다. 예배의 제물은 구약에선 양이었고, 신약 시대엔 예수님이셨으며, 오늘날엔 예배자이다. 그리고 그 제물에 기름 붓는 이는 바로 성령이시다. 제물에 기름이 부어져야 불이 붙고 흠향되듯 우리의 예배엔 성령님이 오셔야 하나님이 기뻐하시는 예배가 일어난다.

그들도 사람이었다

·· 얼굴이 붉었던 소년 ··

아버지의 기별을 듣고 너무 빨리 달려와서였을까? 태양에 검게 탄 소년 목동의 얼굴은 빨갛게 타올랐다. 난생처음 뵙는 위대한 선지자 사무엘 앞에서 그는 수줍음을 타는 소년이었다. 또한 그는 눈이 빼어나고 얼굴이 아름다운 사람이었다.

하나님은 몸을 씻고 성결하게 한 후에야 사무엘 앞에 섰던 그의 형들을 택하지 않으셨다. 하나님은 벌판에서 막 달려온, 성결하게 하지 않아도 늘 아름다운 목동 다윗을 택하는 것을 주저하지 않으셨다. 얼굴이 붉었던 소년 다윗은 늘 예배에 취해 있던 목동이었다.

> "내가 여호와를 항상 내 앞에 모심이여
>
> I have set the Lord always before me.
>
> 그가 나의 오른쪽에 계시므로
>
> Because he is at my right hand,
>
> 내가 흔들리지 아니하리로다.
>
> I will not be shaken."
>
> - 시편 16:8, NIV

·· 이가 그니 일어나 기름을 부으라 ··

사무엘은 알고 있었다. 다윗을 만나지 않고서도 그가 그인 줄 알았다. 이새의 일곱 아들 모두를 거절하신 하나님을 보며 사무엘은 하나

남은 이새의 막내아들이 하나님이 기뻐하시는 자인 것을 알았다.

> "그가 여기 오기까지는 우리가 식사 자리에 앉지 아니하겠노
> 라(사무엘상 16:11)."

그것은 명령을 받고 베들레헴까지 달려온 하나님의 사람의 마땅한 태도였으며 장차 올 왕에 대한 예의였다. 하나님의 사람 사무엘은 다윗이 도착하기 전에 이미 기름이 담긴 뿔병을 땀에 젖은 손으로 잡고 있었다.

그 늙은 선지자 앞에 선 어린 목동 다윗은 그의 형들과는 달랐다. 부모를 닮은 외모야 그리 큰 차이가 없었겠지만, 그에게는 이새의 일곱 아들이 지니지 못한 아름다움이 있었다. 그 아름다움은 겉으로 치장한 모습이 아닌 그의 삶에서 우러나는 향기였다. 뚜껑 열린 뿔병에서 나오는 기름의 향과 향기 나는 광야의 삶에서 달려온 소년의 향취로 인해 이새의 집은 그날 하늘의 향기로 가득했다.

그리고 사무엘은 다윗이 기름 부음 받을 자임을 알게 되었지만 그래도 끝까지 하나님의 목소리를 기다리며 청종했다. 그 늙은 선지자의 모습에서 나는 하나님의 사람들에게서 나는 또 다른 향내를 맡는다.

·· 다윗이 여호와의 영에 크게 감동되니라 ··

뿔병의 기름이 그의 머리를 적시고 붉은 얼굴을 타고 내려와 어

깨를 적셨다. 그날 이후 여호와의 영은 그를 감동시켰다. 그는 그 감동으로 시(詩)를 적고 노래하며 수금을 탔다. 그가 어느 곳에 있든 주를 찬양할 때는 예배가 되었고, 무릎을 꿇을 때는 성소가 되었다. 하루에 일곱 번씩 주를 찬양한다고 고백하는 시(시편 119:164)는 다윗이 바친 시라고 믿고 싶다.

기름 부으심으로 인해 인간은 하나님의 사람이 되어 가지만, 그 기름병은 하나님만을 왕으로 모시고 살아가는 하나님의 사람들에게만 부어진다.

> "왕이신 나의 하나님이여, 내가 주를 높이고 영원히 주의 이름을 송축하리이다(시편 145:1)."

기름 부음을 받은 사람은 예배자가 되고 하나님은 그들이 드리는 예배 속에 계신다. 하나님의 사람들이 모인 곳이 곧 거룩한 곳이 되고, 예배자들은 그곳에서 하나님을 만난다.

성경의 기록 속에서 만나는 가장 위대한 예배자는 다윗이라고 생각한다. 그가 살았던 위대한 삶과 놀라운 예배는 그날 사무엘의 뿔병에서 나온 기름이 그의 머리를 적실 때부터 익어 가고 있었다.

왕은 반드시 예배자 중에서 태어나야 한다.

•• 다윗이 수금을 탄즉 악령이 사울에게서 떠나더라 ••

한 사람에게 성령이 임하면 다른 한 사람에게는 악신이 임한다.

사울도 한때는 하나님의 영으로 감동되었던 사람이었지만 그가 하나님을 존귀하게 여기지 않자, 신은 그를 떠났고 대신 악신이 그를 사로잡았다.

성령은 하나님께 속한 영이고 악령은 사탄에게 속한 영이다. 하지만 사탄도 여호와 하나님의 권세 아래에 있다. 사탄이 마음대로 미쳐 날뛰지만 그는 여호와 아래에 있다. 그러므로 하나님은 사탄을 지배하며 그의 뜻대로 그들을 부리신다.

영의 세계엔 공터가 없다. 누구든 속한 곳이 있다. 하나님의 신에게 속하지 않은 사람은 악한 영에 속해 있다. 하나님께 속하지 않은 빈 광야 같은 사람의 심령은 언제든지 사탄이 말뚝을 박고 줄을 쳐서 자신의 영역으로 표시한다.

우리가 살고 있는 이 땅은 거룩한 영과 악한 영의 싸움터다. 어느 싸움이든 강한 것이 약한 것을 이긴다. 하나님은 그 싸움을 우리 손에 맡겨 두셨다. 그분은 우리를 위하여 싸우시지 않는다. 대신 그의 아들을 영접하고 그 이름을 믿는 자들에게는 '하나님의 자녀가 되는 권세'를 주신다(요한복음 1:12). 그 권세로 악한 영을 이기고, 그 권세를 사용하여 세상을 정복하기를 바라신다. 권세는 사용하는 자의 것이고, 그것은 사용할 때 비로소 효력이 나타난다. 하나님께 순종할수록 권세는 커지고 그 권세를 사용할수록 마귀는 하나님의 사람들을 두려워한다.

이스라엘의 초대 왕 사울은 하나님의 말씀을 버렸으므로 하나님도 사울을 버렸다(사무엘상 15:26). 하나님이 버린 사울에게는 악신이 들었고 그는 영의 괴롭힘을 받았다.

한 나라의 왕을 괴롭히는 악령도 기름 부음받은 사람, 다윗이 켜는 수금 소리에 떠났다. 악한 영은 스스로 떠나지 않는다. 그러나 하나님의 신에 감동된 사람들의 기도와 예배를 통해서라면 그들은 떠날 수밖에 없다.

·· 가드 사람 골리앗 ··

그는 어려서부터 용사였다. 그의 키는 296.9cm나 되었으며 놋 투구를 쓰고 비늘 갑옷을 입고 있었는데, 그 갑옷의 무게만 57kg이나 되었다. 다리에는 놋 각반을 차고 있었고 어깨 사이에는 놋 단창을 메고 있었다.

그리고 손에 든 창은 베틀 채 같았고 창날의 무게만 철 6.8kg이었다. 그가 방패 든 자를 앞세우고 이스라엘 앞에 나타나 사십 주야를 위협했을 때, 그를 본 이스라엘 사람들은 공포로 떨었다.

·· 이 사람이 누구이기에
살아 계신 하나님의 군대를 모욕하는가 ··

모든 사람이 떨고 있었다. 이스라엘 모든 사람이 그 사람을 보고 심히 두려워하여 그 앞에서 도망했다(사무엘상 17:24). 이스라엘 군대를 모욕하며 위협하고 싸움을 걸어오는 블레셋 장수 골리앗으로 인해 전날 장수였던 왕 사울은 놀라고 낙담했다(사무엘상 17:32).

아버지의 심부름으로 형들을 만나기 위해 전장으로 나갔던 다윗은 골리앗이 외치는 소리에 두려움 대신 분노가 일었다. 살아 계신 하나님과 그의 군대를 모욕하는 블레셋 장수의 입을 틀어막길 그는 원했다.

그날 골리앗의 고함 소리는 사울과 이스라엘 군대에게는 놀라움과 두려움이었지만, 소년 다윗에게는 치욕이었다. 그 군대에 파묻혀 두려움에 떨었던 다윗의 큰형 엘리압은 전쟁터에 나온 동생을 꾸짖으며 화를 내었지만, 동생 다윗은 이스라엘을 모욕하는 골리앗을 향해 뜨거운 분노를 드러냈다.

·· 그로 말미암아 사람이 낙담하지 말 것이라 ··

사울 왕 앞에 불려 간 소년 다윗의 첫 말은 사울의 마음을 서늘하게 했다.

"그가 누구이기에 이스라엘의 왕이신 당신이 저 할례 받지 못한 백성의 장수를 두려워해 낙담하는 것입니까?"

사울이 본 것은 골리앗이었고 다윗이 본 것은 살아 계신 하나님이었다. 사울의 눈은 골리앗의 창과 단창과 그 앞에 놓인 방패에 머물렀지만 다윗의 눈은 하나님의 영광과 그 이름의 영화에서 떠나지 않았다.

낙담하게 하는 것은 허풍쟁이 사탄이 세상의 겁쟁이들에게 상습적으로 쓰는 전략이다. 하나님을 신뢰하지 않는 사람들에게 쓰는 사탄의 이 전술은 항상 놀라운 효과를 발한다. 사탄은 싸우지도 않고 겁쟁이들의 땅을 점령해 버린다. 그러나 믿음의 사람들은 싸워

그들도 사람이었다

서 이긴다. 그들은 하나님께만 복종하고 사탄에 대항하여 싸운다.

> "그런즉 너희는 하나님께 복종할지어다 마귀를 대적하라 그
> 리하면 너희를 피하리라(야고보서 4:7)."

나는 수년 전, 시베리아의 이르쿠츠크라는 도시에서 사역했다. 바이칼호에서 흘러나온 물이 안가라강을 타고 흐르는 도시는 언뜻 보기에는 평화로운 땅으로만 보인다. 하지만 그 시베리아는 구소련 중에서도 사탄이 가장 왕성히 활동했던 땅이다. 이혼율 백 퍼센트[1]에 많은 남자는 온통 알코올 중독에 빠져 있고 여인들의 가정은 흔들렸다.

어느 초겨울에 나는 전도하여 처음으로 예수 그리스도를 영접한 한 대학생에게 세례를 베풀었다. 그런데 그날 밤부터 나는 몸에 이상이 생겨 앓아누웠다. 작은 수술을 받았지만 몸은 호전되지 않고 시베리아의 추운 겨울 날씨처럼 나는 고통의 시간을 보냈다.

그러던 어느 날 밤, 사탄의 영이 내게 찾아와서 말했다.

"나는 네 아버지의 형제들이 막내로부터 시작해서 죽었다는 것을 안다(나의 아버지는 오 형제셨는데 정말 막내부터 시작해서 넷째, 셋째, 둘째, 첫째 순으로 모두 세상을 뜨셨다). 그래서 나는 너의 형제들 가운데서도 막내인 너를 이제 죽이겠다."

그 말을 들었던 날 이후로 나는 죽어갔다. 몸이 점점 약해지고 시들어 갔다. 나는 죽음을 받아들이고 있었다. 아내와 아이들에게 유

---

1) 이혼율은 그 해에 결혼한 사람 대비 이혼한 사람의 수를 비교해서 내는 통계이다. 러시아에서 한 해에 결혼하는 사람과 이혼하는 사람의 수가 거의 같다는 말이다.

언도 했다. 그렇게 나는 죽음을 기다리고 있었다.

그런데 어느 날 밤, 나는 기도를 드리다가 내 머리를 스치는 불빛과도 같은 생각에 정신을 차렸다.

'내 생명은 하나님께 속한 것인데 왜 내가 사탄의 말에 속아 이렇게 죽음을 기다린단 말인가.'

그날 밤 나는 사탄과 싸웠다. 진리에 서서 그와 씨름을 했다.

"내 생명은 하나님이 주관하신다. 그런데 너는 마치 생명이 네 손에 달려 있는 것처럼 나를 미혹했다. 이제 내가 진리를 깨달았으니, 내가 나사렛 예수 그리스도의 이름으로 말하노니 죽음의 영아! 내게서 떠나가라."

나는 내 어깨를 누르고 있던 것들로부터 가벼워짐을 느꼈고, 그날로 나는 회복되기 시작했다.

사탄은 거짓의 영이고 속이는 영이다. 그래서 그들은 진리를 알고 있는 사람을 넘어뜨리지 못한다.

"진리를 알지니 진리가 너희를 자유롭게 하리라(요한복음 8:32)."

왕이었던 사울은 속고 있었지만 목동이었던 다윗은 그 진리를 알았고 그래서 그는 골리앗과 싸우기로 했다.

.. 주의 종이 가서 저 블레셋 사람과 싸우리이다 ..

"네가 가서 저 블레셋 사람과 싸울 수 없으리니 너는 소년이

　　　　　　　　　그들도 사람이었다

요 그는 어려서부터 용사임이니라(사무엘상 17:33)."

사울 왕은 다윗을 알고 있었고 적군의 용사 골리앗에 대한 정보도 있었다. 하지만 그가 아는 것이 세상의 전부는 아니다. 그래서 사울의 판단은 옳지 못했다.

사람들은 자신이 습득한 지식은 다 옳다고 여기는 경향이 있다. 사람들은 지식을 신뢰하고 통계 수치를 의지한다. 그리고 한 번 입력된 지식이나 수치를 종교보다도 더 믿는다. 하지만 그것이 진리가 되지 못하는 경우가 많다.

다윗이 소년임을 그리고 골리앗이 어려서부터 장수였음은 알 사람은 다 아는 지식이다. 사울은 그 지식에 근거하여 다윗이 그와 싸워 이길 수 없다고 말했다. 그 지식은 옳았지만 그 판단은 진리가 아니었다.

　　.. 주의 종이 사자와 곰도 쳤은즉
　　그가 짐승의 하나같이 되리이다 ..

사울의 판단은 그의 지식에서 왔지만 다윗의 주장은 그의 경험에서 왔다. 하나님과 함께했던 그의 노하우가 왕좌에 앉아 있던 사울의 생각을 끌어 내렸다.

다윗에겐 간증이 있었다. 그가 아버지의 양을 칠 때 사자나 곰이 와서 새끼를 물어 가면 도망가지 않고 그들을 따라가서 치고 그 입에서 새끼를 건져 내었다. 사자나 곰이 일어나 그를 해하려고 하면 그는 그 수염을 잡고 쳐서 그것들을 죽였다.

브라보! 그에게 박수를. 이것이 벌판의 소년에게 가능한 일인가. 소년 목동의 간증을 듣고 왕도 꼬리를 내렸다.

·· 그의 벌판, 그의 장막 ··

그는 벌판에서 양 떼만 돌본 것이 아니었다.

그는 아버지의 양 떼를 지키기 위해 자신을 단련했다. 윗몸 일으키기나 팔 굽혀 펴기뿐만 아니라 그가 해야 할 모든 것에 최선을 다했다. 사자를 쫓아갈 때의 속도가 어때야 하는지, 얼마만큼의 빠르기여야 곰을 따라잡을 수 있는지를 생각하며 벌판 이쪽에서 저쪽까지 먼지 나게 달렸을 것이다. 아버지의 양을 한 마리도 잃지 않기 위해 그는 얼마나 많은 시간 동안 그 벌판을 달렸을까.

그리고 빠르기로만 사자를 잡을 수 없고, 힘으로만 곰을 때려눕힐 수 없음을 안 다윗은 얼마나 많고 외로운 밤을 하나님께 매달렸으며, 얼마나 깊고 오랜 밤을 뜬눈으로 지새우며 하나님을 찬양했을까. 그의 벌판은 하나님께 드리는 기도로 날마다 울렸으며, 그의 장막은 밤새워 올려 드리는 그의 찬양 소리로 흔들렸을 것이다.

그는 아버지의 양 떼를 지키는 목동이었지만 풀을 따라, 물을 따라 벌판을 헤매는 목자가 아닌 탁월한 목자로 살기 위해 자신을 단련하는 일에 최선을 다하는 사람이었다.

광야의 탁월한 목자였던 다윗은 평생을 벌판의 목자로 늙어 가는 다

그들도 사람이었다

른 목자들과는 달리 세상을 경영하는 위대한 왕으로 부름 받았다.

‥ 돌 던지는 소년 ‥

사자나 곰이 양 떼들 가까이에 오지 못하도록 그는 날마다 벌판에서 돌을 던졌던 소년이었다. 한 방에 사자의 급소를 맞혀 눕히고 또한 곰을 멀리 쫓기 위해 벌판의 돌을 한곳에 모아 놓고 얼마나 많은 연습을 했을까.

그는 자신이 머무는 곳의 돌을 다 던지고 나면 돌이 날아간 곳으로 양 떼들을 옮기어 그 돌을 다시 모아서 던지고 또 던졌을 것이다. 그의 별명은 '북 치는 소년'이 아니라 '돌 던지는 소년'이었을 것이다.

달리는 사자의 급소를 맞추던 그 소년이 가만히 서 있는, 그것도 덩치 큰 골리앗의 이마를 맞춰 때려눕히는 것이 뭐가 그리 어려웠으랴. 사울 왕 앞에서 그리 당당하던 소년의 말이 허풍이 아닌 그의 오랜 경험과 실력에서 나온 것임을 아는 사람은 다 알았다.

‥ 돌 다섯 개를 줍는 소년 ‥

걱정 많던 사울이 입혀 주는 갑옷도 그의 손에 들려주는 칼도 그에게는 도리어 거추장스러웠다. 세상이 입혀 주는 군복은 그의 능력을 그 속에 제한하는 세속(世俗)이 되었다.

대신 그를 향해 버티고 서 있는 거인 골리앗을 향해 나갈 때 다윗은 돌 다섯 개를 주웠다. 한 개만 가져도 될 텐데 우리의 영웅, 소년 다윗은 겸손히 다섯 개의 돌을 호주머니에 담았다.

내 아내가 다니는 대학교의 도서관 건물의 이름은 '오석관(五石館)'이다. 나는 그 이름이 정말 좋다. 그곳을 오가며 나는 아내와 다윗을 생각한다.

·· 너는 칼과 단창으로 내게 나아오거니와 ··

장수도 의지하는 것은 칼과 단창이다. 장수의 능력 발휘는 그 칼과 단창의 위력에 있다. 장수는 손에 든 무기만큼 강하다.

세상 사람들은 자신의 손에 들릴 능력의 확보를 위해 공부하고 연구하며 경력을 쌓아 간다. 하지만 그럴지라도 그들의 능력은 자기가 준비한 만큼이다. 충분히 준비했다고 생각하지만 그것은 늘 부족하고 아쉽다. 그래서 그들은 그 부족한 부분을 메우기 위해 때때로 큰소리를 친다.

골리앗이 의지한 것은 그의 육체였고 방패였으며 손에 들린 창의 무게였다. 그리고 크게 고함지르면 그 무기들이 더 큰 위력을 가질 줄 알았다. 하지만 그것은 오산이었다. 전쟁은 여호와께 속했음을 그가 알 리가 없었다. 칼집에 꽂혀 있던 칼이 자신의 목을 베는 데 사용될 것임을 그는 알지 못했다.

어린 다윗의 살을 공중의 새와 땅의 짐승에게 먹일 것이라고 블레셋 장수는 소리쳤지만, 그날 굶주린 새와 들짐승들이 먹은 것은 넘어진 골리앗과 그의 군대의 육체였다.

그들도 사람이었다

‥ 나는 만군의 여호와의 이름으로 네게 나아가노라 ‥

다윗이 의지한 것은 여호와 이름의 능력이었고 또 지난날 그분이 함께하셨던 경험에서 오는 믿음이었다. 그는 골리앗의 칼과 창, 단창을 보고서도 두려워하지 않았다. 그의 갑옷과 방패를 보고서도 낙담하지 않았다.

그는 그 능력의 이름으로 골리앗을 향해 나갔다. 강한 무기와 완벽한 방어로 무장한 적군의 장수를 향해 달려간 것은 전쟁이 하나님께 속한 것임을 고백하는 그의 믿음이었다.

돌이 그의 이마에 박히니 땅에 엎드러지니라

강력한 무기와 완벽한 방어로 무장했던 당대 최고의 장수 골리앗도 하나님을 의지했던 소년 다윗의 물맷돌에 무너지고 말았다. 블레셋 최고의 대장장이가 만든 칼과 창을 단 한 번도 써 보지 못한 채 그의 큰 육체는 비명에 무너지고 말았다.

세상을 의지한 장수는 그렇게 끝이 나고, 하나님의 사람은 그날 그렇게 위대한 승리를 얻어 나라를 구했다.

"여호와의 구원하심이 칼과 창에 있지 아니함을 이 무리에게 알게 하리라 전쟁은 여호와께 속한 것인즉 그가 너희를 우리 손에 넘기시리라(사무엘상 17:47)."

그의 믿음은 사실이 되었고 그날의 고백은 그 땅의 역사가 되었다.

·· 사울이 죽인 자는 천천이요 다윗은 만만이로다 ··

쓰러진 골리앗의 칼집에서 빼낸 칼로 그의 머리를 잘라 돌아오는 다윗을 보며 이스라엘의 여인들은 뛰놀고 노래했다.

"사울이 죽인 자는 천천이요 다윗은 만만이로다."

하나님의 사람들은 세상에서 칭송을 받을 때 그 영광을 하나님께 돌린다. 세상이 그들을 높일 때 하나님을 기억하는 것은 안전한 길로 가는 통로가 된다.

여인들의 칭송은 사울의 질투를 불러일으키고, 하나님의 사람으로 들어서기 위한 제2막의 시련이 다윗을 기다린다. 이제 그는 골리앗을 넘어 그의 왕 사울을 극복해야 할 때가 오고 있음을 알아야 했다.

그에게 사울을 이기는 것은 골리앗을 이기는 것보다 훨씬 어렵고 까다로우며, 영적으로 더욱 깨어 있어야 했다. 골리앗을 이기기 위해서는 시냇가의 매끄러운 돌 몇 개면 족했지만, 사울을 이기기 위해서는 더욱 민감하고 예민하게 하나님을 찾아야 하고 그의 지혜를 구해야 했다.

하나님이 새로이 준비시키는 왕은 하나님의 마음에 합당한 자여야 했고 하나님은 그런 다윗을 원하셨다.

그들도 사람이었다

하나님의 사람으로 돌아서기 위한 다윗의 인생 2막

‥ 지혜롭게 행하는 자 ‥

사울은 왕이고 명령권자였다. 사울은 다윗에게 명령했고 다윗은 사울의 명령을 받아 행했다.

그는 모든 것을 지혜로 행했다. 다윗은 그저 하나님의 지혜로 행했지만 사울은 그를 두려워했고 자신이 앉아 있는 왕좌를 염려했다.

사울은 자신의 왕국을 염려했지만 다윗은 그 왕의 자리를 탐하지 않았다. 자신도 왕으로 기름 부음을 받은 자였지만, 그는 자신의 생각을 하나님의 지혜 앞에 내세우지 않았다. 대신 그는 모든 일을 지혜로 행했고 하나님이 주시는 지혜로 세상을 섬겼다. 하나님의 사람들이 행해야 하는 야전 교범(FM, Field Manuel)은 오로지 하나님의 지혜뿐이다.

하나님의 지혜로 살았던 다윗의 삶을 경이의 눈으로 살핀 선지자 사무엘은 그의 첫 번째 책의 열여덟 번째 장에서 그가 기름 부었던 젊은이가 지혜롭게 산 삶을 거듭 설명하기를 주저하지 않았다.

"다윗은 사울이 보내는 곳마다 가서 지혜롭게 행하매 사울이 그를 군대의 장으로 삼았더니 온 백성이 합당히 여겼고 사울의 신하들도 합당히 여겼더라(사무엘상 18:5)."

"다윗이 그의 모든 일을 지혜롭게 행하니라 여호와께서 그와 함께 계시니라(사무엘상 18:14)."

"사울은 다윗이 크게 지혜롭게 행함을 보고 그를 두려워하였으나 온 이스라엘과 유다는 다윗을 사랑하였으니 그가 자기들 앞에 출입하기 때문이었더라(사무엘상 18:15-16)."

"블레셋 사람들의 방백들이 싸우러 나오면 그들이 나올 때마다 다윗이 사울의 모든 신하보다 더 지혜롭게 행하매 이에 그의 이름이 심히 귀하게 되니라(사무엘상 18:30)."

지혜는 배워서 얻는 것이 아니다. 지혜는 하나님의 얼굴을 구하며 하나님 안에 있는 사람들에게 임하시는 하나님의 영의 기운이다.

동방의 의인이자 거부였던 욥은 그가 당하는 엄청난 시련들 앞에서 고백하며 "주를 경외함이 지혜(욥기 28:28)"라고 분명히 못을 박았다.

‥ 세 남자 이야기 – 사울, 다윗 그리고 요나단 ‥

이스라엘에 세 남자가 있었다. 한 사람은 왕이었고 다른 한 사람은 왕자였고 나머지 한 사람은 왕으로부터 기름 부음을 받은 사람

그들도 사람이었다

이었다. 그들은 한 하나님을 섬기며 같은 시대를 살아가는 잘난 남자들이었다.

왕과 신하 - 사울과 다윗

미움의 영에 사로잡힌 사울은 나라를 구한 충성스럽고 신실한 부하이자 하나님의 사람인 다윗을 죽이기 위해 눈이 먼다. 미움의 목표는 죽이는 것이고 그 목표를 달성하기 위해 사울은 자신의 영혼을 파멸로 내몬다. 자신을 위해 수금을 타는 다윗을 향해 창을 던지기도 한다(사무엘상 18:11). 또한, 그를 죽이기 위해 자신의 맏딸 메랍을 다윗의 아내로 주려고 약속했지만 그를 죽이는 일이 여의치 않자 스스로 약속을 깨고 그녀를 다른 남자에게 준다. 그러다 정작 자신의 둘째 딸인 미갈이 다윗을 사랑하자 그는 기뻐하기까지 한다. 다윗을 올무에 빠뜨려 죽이기가 수월해진다고 믿기 때문이다.

그러나 그의 권세와 궤계로도 다윗을 죽일 수 없다. 자신의 눈앞에서 수금을 타는 다윗을 향해 능숙한 솜씨로 창을 세 번이나 던져 벽에 박으려 한다. 그러나 단창은 그 가까운 곳에 있는 다윗을 찌르지 못한다. 그러면 그럴수록 도리어 여호와께서 다윗과 함께 계심을 볼 수밖에 없다.

부인하고 싶었지만 그 사실은 더욱더 확연해진다. 더욱이 자신의 딸 미갈이 다윗을 사랑한 것(다윗을 사랑하지 않을 여인이 어디 있겠는가)은 그에게 참을 수 없는 분노다. 하나님과 인간 모두에게 사랑받는 다윗을 더욱더 두려워하게 되고 그래서 더욱더 미워하게 되어 하나님의 사람 다윗을 그의 평생의 대적으로 삼는다(사무엘상

18:29).

하지만 하나님의 사람 다윗은 자신을 미워하는 사울을 끝까지 하나님의 손에 맡긴다. 그에게 있어 하나님은 삶의 전부이기에 자신을 미워하는 사울의 분노는 그의 눈엔 크게 보이지 않는다.

다윗에게 있어 자신의 감정은 중요치 않다. 그를 끊임없이 죽이려 하는 사울도 다윗에겐 원수가 아니다. 그에겐 모든 것을 헤아리시는 하나님이 가장 크신 분이지, 그분 앞에서의 자신의 감정은 아무것도 아니다.

자신이 하나님이 되어 스스로 심판하려는 사람은 하나님의 사람이 아니다. 그들은 선과 악을 알게 하는 지식의 나무인(창세기 2:9) 선악과를 먹고 눈이 밝아져 하나님과 같이 되려는 사람이다(창세기 3:5). 지식을 의지하면 이성대로 행하지만 하나님을 의지하면 영(in spirit)으로 행한다.

육을 따라 행하는 사람은 동물적인 사람이고, 이성을 따라 행하는 사람은 지적인 사람이다. 하지만 영을 따라 살아가는 사람은 하나님의 사람이며 그들이 이 땅을 변화시키는 거장들이다.

아버지와 아들 - 사울과 요나단

사울에겐 '여호와께서 주셨다'라는 뜻의 이름을 가진 아들 요나단이 있었다. 그 아버지 사울은 아들을 낳아 여호와께 영광을 돌려드렸다. 세상에 여호와께서 주시지 않은 아들딸이 어디 있을까.

하지만 사울은 그가 붙여 준 이름처럼 그 자식을 대하지 않았다. 그는 자신의 헛되고도 망령된 욕망을 이어가기 위해 다윗을 죽이는 일에 '하나님이 주신 아들'을 끌어들이려 했다(사무엘상 19:1).

다윗을 심히 좋아했던 사울의 아들 요나단은 다윗을 칭찬하며 아버지께 일렀다.

> "왕은 신하 다윗에게 범죄하지 마옵소서 그는 왕께 득죄하지 아니하였고 그가 왕께 행한 일은 심히 선함이니이다 그가 자기 생명을 아끼지 아니하고 블레셋 사람을 죽였고 여호와께서는 온 이스라엘을 위하여 큰 구원을 이루셨으므로 왕이 이를 보고 기뻐하셨거늘 어찌 까닭 없이 다윗을 죽여 무죄한 피를 흘려 범죄하려 하시나이까(사무엘상 19:4-5)."

아들의 말을 들은 왕은 '여호와의 살아 계심을 두고' 다윗을 죽이지 않을 것을 맹세하지만, 그는 자신이 한 맹세를 거짓으로 돌리고 죽는 날까지 다윗의 생명을 찾는 자로 살아갔다.

아들은 아버지가 원망스러웠고, 아버지는 아들을 욕했다. 아버지 사울은 그의 죄 없는 대적 다윗을 감싸는 아들 요나단을 죽이려 그의 단창을 아들을 향해 던지기도 했다. 그는 다윗을 향해서만이 아니라 아들을 향해서도 분노의 창을 던지는 아버지로 살았다. 슬픈 아들과 분노한 아버지가 한 나라의 궁궐 안에 살고 있었다.

'그 나물에 그 밥이다.'라는 속담이 있지만 아버지를 닮지 않은 아들도 있다. 원래 인간은 하나님을 닮아서일까. 그것은 불행 중 다행이다.

왕자와 친구 - 요나단과 다윗

다윗과 요나단은 하나님이 주신 친구였다. 그들은 결코 사랑할 수 없는 운명으로 태어났지만 그들은 운명을 비웃으며 사랑과 우정을 이어갔다.

한 사람은 왕의 아들로 태어난 사람이었고 다른 한 사람은 다음 세대의 왕으로 기름 부음받은 사람이었다. 그들의 칼부림은 불보듯 뻔한 것이었지만 그 어떤 도박사도 점치지 못할 '여인을 향한 남자의 사랑'보다 더욱 승한 것으로 그들은 사랑을 쌓아 갔다.

아버지의 분노도 자신의 왕국을 무너뜨리고 친구의 나라를 세우는 요나단의 사랑을 막을 수는 없었다. 그 친구의 사랑을 아는 다윗은 끝까지 친구의 아버지를 원수로 삼지 않고 그를 지키며 그 왕좌를 넘보지 않았다.

남자의 우정은 세상을 들썩이게 하는 권세도, 세상의 절반을 살 만한 은금 보화도 넘볼 수 없는 고귀하고 정결한 보물이다. 그 우정이 있어 다윗과 요나단은 이 세상의 남자 중에서도 가장 으뜸으로 손꼽히는 '젠틀맨'이 되었다.

·· 거장으로 캐스팅되는 사람 - 용서하고 용서하며 ··

놀라운 용서의 사람 요셉처럼, 지면에서 온유함이 가장 승했던 모세처럼, 우리의 영웅 다윗도 용서하고 용서하며 살았던 거장이었다. 용서는 하나님의 공의를 신뢰하는 믿음의 사람들에게서 찾을 수 있는 여유로운 향기이다. 그 향기는 세상을 변화시키며 이 땅을 하나님의 공의로 차오르게 하는 하나님 사람들의 성품이다.

그토록 자기를 죽이려고, 갖은 일을 행하며 죽음의 구렁텅이로 몰아넣으려고 자기를 찾아 헤매던 사울을 그는 용서하고 또 용서했다. 용서는 힘없는 자들의 자기 포기가 아니다.

용서는 힘이 있을 때 하는 것이다. 절제되었던 그 힘은 결국 자기 세상을 튼튼히 하는 일에 사용된다. 용서는 거장을 거장답게 하는 놀라운 힘이고 하나님을 감동시키는 피조물의 특권이다.

·· 그는 늘 여호와께 여쭈었다 ··

다윗은 무엇이든 항상 여호와께 물은 사람이었다. 그에게는 일의 결과보다 하나님의 생각이 중요했다. 그는 여호와를 순종함으로써 그분께 기쁨을 드리는 삶을 원했다. 그는 언제나 노심초사 그분을 원했다. 원수를 치러 갈 때도 그는 자신의 힘을 헤아리기 전에 여호와의 마음을 살폈다(사무엘상 23:2, 23:4, 23:11, 30:8, 사무엘하 5:23, 역대상 14:14).

거장은 자기 중심으로 세상을 바라보는 사람이 아닌, 하나님의 마음으로 세상을 살피는 사람이다. 나는 성령님을 만난 뒤로 무엇이든 그분께 묻기를 좋아했다. 새벽 기도회를 인도하기 위해 집을 나서며 교회를 향할 때는 예배 시간에 어떤 찬송을 불러야 할지 성령님께 여쭈어 보았고 그분이 내 가슴에 찬양을 담아 주실 때까지 새벽에 묻기를 마치지 않았다. 그리고 어떤 집회든 말씀을 전하러 갈 때는 말 그대로 어떤 말씀을 전해야 할지 묻고 또 물었다. 커피

한 잔을 마실 때라도 나는 꼭 그분께 여쭈었고 그분이 허락하신다는 확신이 들지 않으면 커피 자판기 앞에서 발걸음을 돌렸다.

·· 원수에게서 축복받은 사람 ··

다윗은 그를 사랑했던 사람들뿐만 아니라 그를 죽이려 했던 사울에게조차 축복을 받았다. 그를 무던히도 죽이려 했던 사울을 죽일 수 있는 기회가 왔지만 다윗은 자기 손으로 그를 죽이지 않았다. 자기가 살기 위해 하나님의 기름 부으신 자를 죽이지 않았다.

그런 그를 사울은 축복하지 않을 수 없었다. 사울은 다윗을 눈물로 축복했다. 사울은 자신의 왕좌가 바로 다윗의 것이 될 것임을 선포했다(사무엘상 24:20). 그는 또 다윗이 큰일을 행할 것과 그에게 늘 승리가 있을 것임을 소리 높였다(사무엘상 26:25).

원수의 축복을 받는 사람, 그 축복은 꼭 이루어질 수밖에 없을 것이다.

·· 왕이 죽다, 친구가 죽다 – 다윗의 조가 ··

그는 패하지 않았지만 전쟁에서 사울이 죽었다. 그는 승리를 거두었지만 싸움에서 사랑하던 친구 요나단이 세상을 떠났다. 망자들을 위해 그가 부른 조가(弔歌)를 통해 그가 얼마나 요나단을 사랑했는지를, 자신을 죽이려 일평생을 헛되게 산 사울 왕을 그가 얼마

그들도 사람이었다

나 깊은 마음으로 사랑했는지를 후세의 우리도 알 수 있다.

그가 과연 성자였으며 가슴이 순결한 사랑으로 가득한 시인이었음을 알고 나니 가슴이 뭉클하다.

"이스라엘아 네 영광이 산 위에서 죽임을 당하였도다.

오호라 두 용사가 엎드러졌도다.

이 일을 가드에도 알리지 말며 아스글론 거리에도 전파하지 말지어다.

블레셋 사람들의 딸들이 즐거워할까, 할례 받지 못한 자의 딸들이 개가를 부를까 염려로다.

길보아 산들아 너희 위에 이슬과 비가 내리지 아니하며 제물 낼 밭도 없을지어다.

거기서 두 용사의 방패가 버린 바 됨이니라 곧 사울의 방패가 기름 부음을 받지 아니함같이 됨이로다.

죽은 자의 피에서, 용사의 기름에서 요나단의 활이 뒤로 물러가지 아니하였으며 사울의 칼이 헛되이 돌아오지 아니하였도다.

사울과 요나단이 생전에 사랑스럽고 아름다운 자이러니 죽을 때에도 서로 떠나지 아니하였도다.

그들은 독수리보다 빠르고 사자보다 강하였도다.

이스라엘 딸들아 사울을 슬퍼하여 울지어다.

그가 붉은 옷으로 너희에게 화려하게 입혔고 금 노리개를 너희 옷에 채웠도다.

오호라 두 용사가 전쟁 중에 엎드러졌도다.

요나단이 네 산 위에서 죽임을 당하였도다.

내 형 요나단이여 내가 그대를 애통함은 그대는 내게 심히 아름
다움이라.

그대가 나를 사랑함이 기이하여 여인의 사랑보다 더하였도다.

오호라 두 용사가 엎드러졌으며 싸우는 무기가 망하였도다."

- 사무엘하 1:19-27

사울은 비록 죽었지만 위대한 왕의 가슴속에 살아 있었고, 요나
단은 비록 전사했지만 위대한 친구의 마음에 길이 남을 사랑으로
살아 있었다.

그들도 사람이었다

드디어 왕이 된 다윗, 하나님의 마음에 합한 다윗

·· 드디어 온 이스라엘의 왕이 되다! ··

어릴 적부터 아버지의 양을 치던 소년이 유다의 왕이 되었다. 아버지의 양을 한 마리도 잃지 않기 위해 사자를 뒤쫓던 소년이 온 이스라엘의 왕이 되었다. 블레셋 장수에게 빼앗겼던 하나님의 영광을 물맷돌 하나로 찾아오던 홍안의 소년이 위대한 나라의 왕이 되었다.

그렇게도 하나님을 사랑하던 목동이 드디어 가장 큰 나라의 왕이 되었다. 서른에 왕이 되어 사십 첫날을 다스리게 될 위대한 왕이 탄생했다. 드디어 다윗이 왕이 된 것이다.

·· 하나님의 법궤를 모셔 오다 ··

바알레유다의 아비나답 집에서 하나님의 법궤를 모셔 오고자 다윗은 이스라엘에서 3만 명의 사람들을 모은다. 그들은 하나님의 궤를 새 수레에 싣고 그 궤의 전후에 아비나답의 두 아들 웃사와 아효를 포진한다. 다윗와 이스라엘 온 족속은 잣나무로 만든 여러 가지 악기들로 여호와를 높이고 수금과 비파, 소고, 양금, 제금으로 여호와를 찬양했다.

다윗이 고대하던 기쁜 날이었다.

하지만 그 일이 일어날 줄을 어떻게 알았으랴. 나곤의 타작마당에 이르자 그 수레를 끌던 소들이 갑자기 뛰어서 그 뒤를 따르던 웃사가 손으로 하나님의 궤를 붙잡았다. 그 일로 인해 웃사는 하나님의 궤 곁에서 즉사했다. 사람이 죽고야 하나님의 궤에 대한 무례함을 그들은 깨달았다.

·· 어찌 소들이 사람을 대신하리요 ··

웃사의 죽음으로 인해 다윗은 하나님의 궤를 다윗 성으로 옮겨 가기를 망설였다. 좋은 일을 위해 시작한 일이 화를 당하자 다윗은 마음에 고통을 느낀다. 영의 기쁜 소원을 위해 시작한 일이라도 그 방법이 옳지 못하면 하나님은 그 백성들을 가르치기를 원하신다. 그리고 보면 하나님은 마음만 보시는 분이 아니시다. 은밀한 중에 보시는 하나님은 모든 것을 다 지켜보신다.

나는 21세기 개신교의 고질병이 '하나님은 우리의 형편을 아시니 모든 것을 이해하신다.' 같은 조심성 없는 무지라고 생각한다. 그래서 오늘날에는 많은 교회에서 예배를 드리지만 하나님이 받지 않으시고, 찬양과 경배를 드리지만 그곳에 하나님이 안 계시는 경우가 많다.

어찌 소들이 하나님의 궤를 싣고 태연히 그 길을 갈 수 있으랴. 지난날 블레셋 사람들이 하나님의 궤를 돌려줄 때 그것을 수레에 실은 적이 있었지만 이스라엘은 블레셋과 같지 않다.

·· 하나님의 궤는 오벧에돔의 집으로 가고 ··

웃사가 죽던 그날, 하나님의 궤는 가드 사람 오벧에돔의 집으로
옮겨 간다. 그로부터 석 달 동안 거기서 모시는데 한 사람에게는
죽음을 가져왔던 그 법궤가 오벧에돔의 온 집과 그 모든 소유에는
복이 되었다. 하나님은 아무에게나 죽음을 허락하시고 아무에게나
축복하시는 분이 아니다.

웃사는 오랫동안 자신의 집에서 법궤를 모시면서도 하나님의 궤
를 몰라 죽음을 초래했지만, 오벧에돔은 하나님의 궤를 저주로 여
기지 않았다.

한 사람에게는 저주를, 다른 한 사람에게는 복을 주시는 하나님
의 마음을 누가 알기나 했으랴.

석 달이 지난 뒤 다윗은 다시 하나님의 궤를 자신의 성으로 옮긴
다. 같은 실수를 두 번 반복하는 사람은 거장의 대열에 설 수 없다.
다윗은 수레의 소들 대신 제사장들의 어깨에 하나님의 궤를 메어
자신의 성으로 올라간다.

·· 여섯 걸음을 걷고 한 번의 제사를 드리며 ··

다윗은 하나님의 궤를 멘 자들이 여섯 걸음을 걸을 때마다 소와

살진 송아지로 여호와께 제사를 드렸다. 오벧에돔의 집에서 다윗 성까지의 거리를 걷는 동안 여섯 걸음이 몇 번이나 되었으며 그때 마다 드린 소와 송아지는 모두 몇 마리나 되었을까? 다윗의 제사는 우리의 상상을 초월하며 여호와를 향한 그의 사랑과 열정은 우리 의 생각을 뛰어넘는다.

그뿐만 아니었다. 그는 여호와의 궤로 인해 기뻐서 여호와 앞에 서 있는 힘을 다하여 춤을 추었다. 그리고 그는 여호와를 환호하며 백성들과 더불어 소리 질렀다. 그는 그의 백성에게 왕이었을 뿐 자 신의 하나님 앞에선 어린아이와 같이 순전한 사람이었다.

·· 나는 백향목 궁에 살거든 ··

다윗은 왕으로서 백향목 궁궐에 살면서도 중심은 늘 여호와께 두 었다. 그가 모셔 온 하나님의 궤가 천막 속에 있는 것이 못내 마음 에 걸렸고 자신이 백향목 궁에 있는 것이 죄스럽고 행복하지 않았 다. 그는 하나님과 궤를 위해 백향목 성전을 짓길 소원했다.

그가 여호와를 사랑하는 마음을, 그가 하나님의 궤를 존귀히 여 기는 마음을 하나님은 아셨다. 그가 얼마나 여호와를 위하여 성전 을 바치고 싶었는지를, 하나님의 궤를 얼마나 아름다운 곳에 모시 고 싶었는지를 그분은 다 아셨다.

그래서 여호와 하나님은 그를 복 주시고 또 복 주시기를 원하셨다.

"땅에서 위대한 자들의 이름같이 네 이름을 위대하게 만들어

주리라(사무엘하 7:9)."

다윗이 여호와의 집 짓기를 원했지만 여호와는 다윗의 집을 지으

셨다.

"여호와가 또 네게 이르노니 여호와가 너를 위하여 집을 짓고

(사무엘하 7:11)."

하나님은 그를 복 주시되 영원히 주시기를 원했다.

"내가 네 몸에서 날 네 씨를 네 뒤에 세워 그의 나라를 견고

하게 하리라 그는 내 이름을 위하여 집을 건축할 것이요 나는

그의 나라 왕위를 영원히 견고하게 하리라(사무엘하 7:12-13)."

·· 어디에 가든지 이기다 ··

하나님의 마음에 합한 자, 다윗은 어디를 가든 승리를 거둔다. 사

무엘하 8장엔 그의 승리로 가득하다. 블레셋을 치고 모압을 친다.

소바 왕 하닷에셀을 쳐서 마병 천 7백 명과 보병 2만 명을 사로잡고

소바 왕을 도우러 온 아람 사람 2만 2천 명을 죽이기도 한다. 그리

고 다윗은 소금 골짜기에선 에돔 사람 일만 8천 명을 쳐 죽인다.

"다윗이 어디로 가든지 여호와께서 이기게 하시니라(사무엘하 8:6)."

"다윗이 어디로 가든지 여호와께서 이기게 하셨더라(사무엘하 8:14)."

·· 요나단을 추억하다 ··

다윗은 사랑했던 친구 요나단을 잊지 않았다. 그는 바쁜 와중에도 옛 친구를 그리며 자비를 베풀기 위해 친구의 핏줄을 찾았다. 요나단의 아들인 므비보셋을 만나 왕자 대우를 해 주며 죽는 날까지 왕의 상에서 자신과 함께 음식을 먹게 했다. 그는 친구의 아들을 돌볼 것을 다른 이들에게 명령했을 뿐만 아니라 자신도 그를 돌보는 책임을 다했다.

그렇다. 사랑은 자신을 내어 주는 것이다. 다윗과 요나단은 살아서도 사랑했지만 한 사람이 떠난 뒤에도 그들의 사랑이 온전한 것이었음을 남아 있는 한 사람이 그 대답했다.

·· 오! 밧세바 ··

나는 다윗의 간음 현장을 돌아보며 내 마음이 찢어질 듯한 고통을 느낀다. 그 위대한 하나님의 사람이 누구나 경험하는 죄의 유혹을 떨칠 수 없었을까? 하나님을 그렇게도 사랑하며 그분밖에 몰랐던 왕이 어떻게 여인의 향기에 눈멀어 그토록 큰 범행을 대담하게

그들도 사람이었다

자행할 수 있었을까?

전쟁 중인 나라의 왕이 의무를 소홀히 한 채 왕궁을 거니는 것은 큰 나라의 왕으로서 할 일이 아니었다. 이제까지의 전쟁에서 승승 장구한 것과 지금 치르고 있는 암몬 자손과의 전쟁에서 유리한 고 지를 점령한 것이 도리어 다윗에게는 해가 되어 죄를 덮어씌울 유 혹이 되어 기다리고 있음을 그는 몰랐다.

저녁때에 다윗이 침상에서 일어나 왕궁 옥상을 거닐었던 일은 그 가 보여 준 평상시의 모습이 아니었다. 그는 베드로처럼 기도하기 위해서 지붕 위로 올라간 것도 아니었고(사도행전 10:9), 언제나처럼 시인이 되어 여호와를 노래하러 황혼을 거닌 것도 아니었다. 그는 저녁이 오기 전에 이미 침상에 있었고, 게으름과 나태함에 절어 두 눈의 총총함을 잃어버리고 무료함을 달랠 무언가를 궁리하고 있는 참이었다.

이스라엘과 유다가 야영 중에 있고 하물며 여호와의 언약궤마저 그곳에 있었거늘 그는 할 일 없는 왕궁에서 베게를 안고 뒹굴고 있 었다. 사탄은 늘 삼킬 자를 찾고 있는데 말이다.

다윗이 내려다보는 곳에는 한 여인이 목욕을 하고 있었다. 여호 와를 찾지 않는 사람들에겐 세상의 어둠이 눈에 잘 띈다. 그것은 우연 같지만 이미 사탄의 손길이 뻗은 것이다. 니느웨로 부름받았 지만 이미 불순종하려 작정한 요나에겐 다시스로 가는 배가 욥바에서 그를 기다리고 있었다(요나서 1:3).

나는 다윗이 평상시에도 그 여인을 보았다고 믿는다. 하지만 다른 때는 그가 여호와와 가까이 있었고 그녀에게 관심이 없었다. 그리고 평상시엔 그녀가 그날처럼 다윗의 눈에 아름답지 않았다.

여자가 특별히 아름다워 보일 때 남자는 눈을 씻고 하늘을 한 번 처다봐야 하고, 남자가 몹시 멋있어 보이는 날에 여자는 한 번 더 기도해야 한다.

어찌하면 좋을까. 우리의 다윗은 이미 우리가 알던 다윗이 아니었다. 다른 사람이 되어 성스러운 집무실을 붉은 눈으로 거닐었다.

한 번의 죄는 그를 그대로 놓아 주지 않았다. 그것은 단 하루의 로맨스가 아니었다. 특히나 하나님의 사람들에게 있어 한 번 범한 죄는 그의 삶을 송두리째 흔들어 놓는 것이 된다.

우리의 불쌍한 다윗은 자신이 범한 어둠을 덮으려 더 큰 어둠 속으로 자신을 던졌다. 많고 많은 여인의 목록에 한 여인의 이름을 추가하는 것으로 시작된 일이 급기야 충성스러운 신하이자 그 여인의 남편인 우리아를 살해 시도로 번졌다. 이제 그의 모습에서 지난날의 거룩과 믿음은 찾아볼 수 없게 됐고 대신 추함과 비굴함만이 그를 감쌌다.

여인을 안은 그 첫날로부터 짧지 않은 시간이 흘렀지만 다윗은 여호와 앞에 조아리는 대신 자신의 범죄를 은폐하려 자신의 지혜를 모았다. 밧세바로부터 날아온 그날, 하룻밤의 일로 들린 임신 소

그들도 사람이었다

식은 그를 더욱 궁지로 몰아넣었다.

그는 전장에 있는 그녀의 남편을 불러 그녀와 밤을 보내게 함으로써 배 속에 있는 아이를 우리아의 아이로 만들려 했다. 그러나 그의 충성스러운 부하 우리아는 자신의 상관과 동료가 싸우고 있을 전장을 기억하며 아내와 밤을 보내지 않았다.

·· 우리아만 죽은 것이 아니다 ··

충성스러운 신하 우리아를 다시 전쟁터로 보내며 다윗은 요압 장군에게 갖다줄 전갈을 그에게 보낸다. 그 내용은 '우리아를 치열한 싸움터에 보내 죽게 하라.'라는 것이었다. 그럼으로써 다윗은 자신의 죄악이 숨겨질 것이라고 믿었다.

그러나 그것이 더 큰 비극이 될 줄은 몰랐다. 왕의 명령이었기에 요압 장군은 그의 신실한 부하를 일선에 보내 죽게 함으로써 죄에 동참했으며, 적군이 죽인 것은 우리아뿐만 아니라 우리아와 함께했던 다른 몇 명의 병사였다. 결국 다윗이 심심했던 그날 단 한 번 여인을 안은 일 때문에 그 여인의 남편뿐 아니라 가정이 있는 아버지들, 슬픈 어머니의 사랑스러운 아들들이 전장에서 스러져 갔다.

"다윗이 행한 그 일이 여호와 보시기에 악하였더라(사무엘하 11:27)."

다윗은 하나님에게서 숨었다. 죄가 무서운 것은 죄인 스스로 하나님으로부터 떠나기 때문이다. 죄가 무서운 것은 하나님으로부터 멀어지기 때문이다. 죄가 진정 두려운 것은 그 놀라운 생명의 빛에서 차단되기 때문이다.

하지만 나는 하나님의 높고 위대하심을 찬양한다. 죄는 미워하시되 죄인을 사랑하시는 하나님은 숨어 있는 다윗에게 그의 종 나단 선지자를 보낸다.

나단이 전한 이 세상 가장 악한 자의 이야기를 듣고 다윗은 분노한다. 자신의 집에 심히 많은 양과 소가 있음에도 자신을 찾아온 손님을 접대하기 위하여 한 마리밖에 없는 이웃의 어린 양을 잡은 악한 사람의 이야기를 전해 듣고 다윗은 그를 죽이라고 소리를 지른다. 하지만 하나님의 선지자는 "당신이 그 사람이라(사무엘하 12:7)."라고 말한다.

·· 모든 죄는 여호와께 하는 악행이다 ··

다윗은 우리아의 아내를 빼앗았지만 그것은 여호와께 범한 악행이었다. 다윗은 그 여인의 남편을 전장에 던져 죽게 했지만 그것은 여호와의 말씀을 업신여기는 행위였다(사무엘하 12:9).

다윗은 아까운 생명들을 적의 칼에 죽게 함으로써 그들의 가족에게 눈물을 안겨 주었고, 그것은 불꽃 같은 눈으로 세상을 보시는 하나님의 눈에서 뜨거운 눈물이 흐르도록 한 범죄였다. 하나님이 기름 부어 그를 왕으로 삼으셨지만 그는 그 왕위로 세상을 깔보았다. 그것은 높으신 여호와를 업신여기는 행동이었다(사무엘하 12:10).

·· 그러나 ··

그러나 이것이 다윗의 끝은 아니다. 그는 범죄자로서 이름을 떨쳤지만 목숨을 사르는 듯한 회개를 통해 거장으로 산다는 것이 어떤 의미인지를 우리에게 보여 주었다.

"하나님이여 주의 인자를 따라 내게 은혜를 베푸시며 주의 많은 긍휼을 따라 내 죄악을 지워 주소서(시편 51:1)."라는 구절로 시작되는 그의 통회의 시는 이 세상 모든 죄인들에게 고전이 되었다.

그는 너무나도 악독한 범죄로 여호와를 슬프게 했지만 하나님의 마음을 돌이키기 위해 하나님이 자신의 뼈를 꺾기까지 자신을 그 고통 속에 내던졌다(시편 51:8).

"나의 죄악을 말갛게 씻으시며 나의 죄를 깨끗이 제하소서
(시편 51:2)."

그는 그의 전부이신 여호와 앞에 다시 나아가기 위해 그의 침상을 밤마다 적셨다.

"나는 내 죄과를 아오니 내 죄가 항상 내 앞에 있나이다(시편 51:3)."

그는 하나님을 다시 바라볼 수 없도록 자신 앞에 가로놓여 있는 죄악을 멀리 옮겨 놓기 위해 하나님 앞에서 고통하며 울부짖었다.

> "주의 얼굴을 내 죄에서 돌이키시고 내 모든 죄악을 지워 주소서(시편 51:9)."
>
> "우슬초로 나를 정결케 하소서 내가 정하리이다 나의 죄를 씻어 주소서 내가 눈보다 희리이다(시편 51:7)."

다윗은 다시 하나님을 뵙기 위해 자신이 정하게 되길 원했고 심령이 눈처럼 희어지기를 소원하고 죽기를 각오하며 그만의 하나님께 부르짖고 울고 또 부르짖었다.

> "하나님이여 내 속에 정한 마음을 창조하시고 내 안에 정직한 영을 새롭게 하소서(시편 51:10)."

그의 사랑이신 여호와 앞에서 그분의 얼굴을 날마다 뵙기를 원하는 다윗은 그분을 떠나는 일은 생각할 수 없었다.

> "나를 주 앞에서 쫓아내지 마시며 주의 성령을 내게서 거두지 마소서(시편 51:11)."

그는 다시 여호와를 노래하기 위해, 그의 피 흘린 죄를 용서받기 위해 눈물로 죽음의 문턱을 오가며 하나님께 부르짖었다.

"하나님이여 나의 구원의 하나님이여 피 흘린 죄에서 나를 건
지소서 내 혀가 주의 의를 높이 노래하리이다 주여 내 입술을
열어 주소서 내 입이 주를 찬송하여 전파하리이다(시편 51:15)."

다윗은 자신의 죄를 공개함으로써 세상 사람들을 죄에서 구원하
기를 원했다. 그는 죄에 굴복하지 않고 도리어 이를 쳐서 이기기를
원했다.

"주의 구원의 즐거움을 내게 회복시켜 주시고 자원하는 심령
을 주사 나를 붙드소서 그리하면 내가 범죄자에게 주의 도를 가
르치리니 죄인들이 주께 돌아오리이다(시편 51:12, 13)."

다윗은 은밀히 죄를 지었지만 그 죄를 용서받기 위해 큰 소리로
회개하며 온 천하에 자신의 죄를 알린다. 그래서 그의 스캔들을 온
세상이 알게 되었고 구원받은 자들의 끊임없는 욕정에 경고를 가한
다. 그래서 그는 한때 하나님의 말씀을 거역하여 가장 못된 죄를 지
었지만 자신의 목숨을 불사르는 열정으로 그 죄를 뉘우치고 돌아서
서 결국은 가장 높은 거장의 경지로 오른다.

죄인은 자신을 하나님의 자리에 두고 누구에게도 용서를 빌지 않
는다. 그러나 성자는 늘 자신을 종의 자리에 두어 누가 말하지 않
아도 은밀한 중에도 자신을 보시는 왕인 하나님께 아무도 모르는
은밀한 죄를 고백한다.

죄인의 가슴엔 악한 영이 존재하고, 성자의 심령 속엔 성령이 계신다.

·· 우리아의 아내가 다윗에게 낳은 아이 ··

우리아의 아내가 우리아의 아이를 낳는 것이 마땅한 일이지만 우리아의 아내 밧세바는 다윗의 아이를 낳았다. 하지만 하나님의 사람 나단은 그 아이가 반드시 죽으리라 했다(사무엘하 12:14).

나단이 돌아간 뒤 우리아의 아내가 다윗에게 낳은 아이를 여호와께서 치시매 심히 앓게 되었다. 그 아이는 죄가 없었지만 아버지와 어머니의 악행으로 아까운 생명이 고통을 당했다. 그 아이는 태어나 고통을 당하다 생명을 잃었다.

다윗은 그를 살리려 음식마저 멀리하고 잠조차 자지 않고 엎드려 간구하지만 그 아이를 살릴 수 없었다. 기도도 거룩함에 서서 하고 금식도 주님 보시기에 기뻐할 때 해야지, 한 번 죄의 물결에 휩싸이고 나면 기도도, 금식도 고통이 된다.

그의 기도도, 금식도 주의 마음을 돌이킬 수 없어 가엾은 아이는 태어난 지 이레 만에 짧은 이 땅의 삶을 마감한다. 이 땅의 생명으로 태어나 할례도 받지 못한 생명이 되어 슬픈 이 땅을 떠났다.

·· 다윗의 아내가 다윗에게 낳은 아이 ··

신하들의 걱정과는 달리 다윗은 아이가 죽고 난 뒤 재빨리 평안

그들도 사람이었다

을 찾는다. 매 맞고 용서받은 아이의 눈물 뒤에 평안이 있듯 다윗은 짧은 시간을 불처럼 사랑했던 안타까운 아이를 보내고 다시 여호와 앞에 서서 경배한다.

잘못을 뉘우치되 벌을 받고 나면 빨리 그분 앞에서 경배를 드려야 한다. 거장도 때로는 잘못을 하지만 거장은 뉘우칠 때 보통 사람들과 다르다. 우리의 거장 다윗은 죄를 지을 때는 여느 사람과 같았지만, 다시 일어설 때는 그만의 비범함을 보여 준다.

하나님은 그를 다시 받으셨고 그토록 애원하던 아이를 데리고 가셨지만, 우리아의 아내 밧세바가 아니라 다윗의 아내 밧세바에게서 새 생명을 허락하신다. 이로써 하나님과 다윗 사이에는 화해가 찾아오고 평화가 흐른다.

'솔로몬', 그 이름의 뜻은 '평화'이다.

·· 다시 찾아온 승리 ··

악을 행하는 일마저 충성으로 순종했던 요압 장군을 통해서 승리의 소식이 전해진 것은 범죄한 다윗이 하나님께 용서를 받고 난 뒤였다. 그래서 그 승리는 더욱 값지고 달콤했다.

하나님의 사람들에게 있어 승리는 그분과 함께하는 일 그 자체이다. 하나님이 계시지 않은 승리는 그 끝을 알 수 없고 혼자만의 승리는 몹시 위험하기까지 하다.

하나님과 함께하는 거룩이 승리이고 하나님의 말씀 안에 거하는 것이 승리 중의 승리이다. 하나님을 구할 때 하나님의 사람들에게 승리가 있고 그 승리는 지칠 줄 모른다.

·· 승리, 승리를 향하여 ··

이제 나는 다윗의 이야기를 끝맺으려 한다. 우리에게 승리의 길이 보이는 이상 다윗의 이야기가 이제 무슨 의미가 있겠는가.

우린 그와 함께 걸으며 언제 위대한 승리를 거두었으며, 어떻게 행할 때 그의 승리가 빛을 발했는지를 지켜보았다. 그리고 그에게 어둠이 깃들 때 우리는 가슴을 졸였으며, 그가 나락으로 떨어질 때 우린 함께 긴 한숨을 내쉬었다. 그는 우리를 앞서 살아 주었고 우리를 위해 먼저 길을 갔다. 우린 그의 실수를 반복할 필요가 없고 그의 고통을 되풀이할 이유가 없다.

이제 그의 승리를 우리의 것으로 만들고, 그의 위대한 찬양을 우리의 예배로 만들기 위해 그를 우리의 스승으로 모시자. 그의 순수한 열정과 그의 순결한 믿음이 우리의 것이 되게 하자.

·· 다윗, 오! 다윗 ··

사자를 뒤쫓느라 벌판에 먼지를 일으켰던 소년
곰을 내쫓느라 벌판의 돌을 모으던 목동
영문을 모른 채 위대한 제사장 사무엘 앞에 무릎을 꿇어 기름 부음을 받던 소년
골리앗 앞에 벌벌 떠는 왕 앞에서 물맷돌로 그를 쓰러뜨리겠다고

그들도 사람이었다

큰소리를 치던 소년

그러고는 기어이 그 거인의 목을 베어 오던 소년 장수

수금을 들어 노래하면서도 악신을 두렵게 하던 음악가

시를 읊되 온 세상 사람의 가슴에 영감을 불어넣던 시인

법궤를 메어 오던 날, 여호와 앞에서 어린아이처럼 소리 지르며 뛰놀던 예배자

용서받지 못할 죄를 지었지만 기어이 눈물로 회개하여 용서받고 위대한 시 한 편을 세상에 내놓고야 마는 인간 승리자

무엇보다도 생각할수록 마음에 기쁨이 고이는 사람

그는 이 시대에 함께 살아가고 싶은 스승이며, 어른이고, 친구이다.

그가 우리보다 앞선 시대를 살아 주어 우린 본받을 수 있는 위인을 얻었고, 그가 있었기에 우리는 마음속에 간직하고 싶은 거장이 생겼다.

이제 책장을 덮으며

나는 꿈꾼다.

이제 시작될 이 땅의 마지막 추수 때에 요셉, 모세, 다윗 같은 거장들이 일어나는 땅이 내 조국의 땅이 되도록.

나는 소망한다.

하나님의 사람들이 충만한 이 땅에서부터 총체적인 부흥이 일어나 하나님 나라의 추수가 확산되도록.

나는 소원한다.

내가 다윗이 되고 내 아이들이 요셉과 모세 같은 사람이 되기를. 그래서 나는 나부터 하나님의 말씀을 지키고 살아가며, 내 아이들에게 말씀을 가르치고 지키게 한다. 그리고 나는 내 조국의 젊은 거장들을 위하여 무릎 꿇고 기도하기를 쉬지 않는다.

나는 끊임없이 꿈꾼다.

거장이 거장을 낳고 또 그 거장이 다른 거장을 만드는 세상을.

그리고 나는 웃음 짓는다.

오늘 그 일을 생각하며.

그리스도가 계시는 행복한 세상에서

거장을 꿈꾸는 김다윗 올림.

그들도 사람이었다